FOR 104 BEGINNERS

THE COMPACT DOCUMENTARY CD

オリジナルCD付

民俗学の愉楽

神と人間と自然の交渉の学、谷川民俗学の真髄

谷川健一

イラストレーション
清重伸之

JN320396

現代書館

本書付録CDについて

本書の付録 CD の内容は以下の通りです。

ＣＤは五つのトラックに分かれて、収録されています。

１、柳田國男が、初めての旅とフォークロアの原点を語る。

２、著者が本格的民俗学の調査を始めた時の体験。

３、旅で本当の話が聴けたと思う基準。

４、戦後の民俗学について。

５、これからの民俗学について。

以上、１は柳田國男の実声、

２・３・４・５は著者谷川健一氏の話が収録されております。

FOR BEGINNERS 104

民俗学の愉楽［目次］

一……民俗学とは

古きを訪ね、今を知る

民俗学は、過去から現在まで、人々によって経験されてきたことを扱う学問である。かつて存在したものに意味のないものはない、という立場で、習俗や言葉、祭りなどをみる。

昔のことなど、今の生活に関係ないと考える人は多い。しかし、表面的には途絶えたように見える習慣や伝承などには、深層心理、心の底に地下水脈のようにずっと流れているものがあり、古代と現代をつないでいる。その水脈をたどることで、私たちは今を知ることができるのではないか。

古きを訪ねる学問には、歴史学や考古学もある。歴史学は文書記録をよりどころとし、考古学は遺跡・遺物があって初めて成り立つ。いずれも、形のあるものから始まるのだが、そうしたものが失われている場合もある。柳田國男、折口信夫が築いた民俗学は、昔話や言い伝え、あるいは地名といった形で残っている民間伝承を取りあげる。文書記録も遺跡・遺物もない場所、時間について知ろうとすれば、伝承に頼る以外にない。そこに、民俗学の置かれた位置がある。

また歴史学や考古学は、過去から現在へと時間をたどるのに対し、民俗学は逆に現在から過去へさかのぼって考察していくという特徴がある。民間伝承は人々の記憶に蓄積されたものであるから、現在から過去へとさかのぼって、その始まりに至ることができる。

歴史学者

考古学者

民俗学との出会い

私は一九二一(大正十)年、熊本県葦北郡水俣町大字浜(現・水俣市旭町)に生まれた。私の最初の記憶は、小さい汽船に母親と一緒に乗っていたときのものだ。この記憶により、日本に鉄道が敷かれる前に、沿岸の主要な交通機関が船であったことが理解できる。九州山脈の端が不知火海になだれ落ちるような地形の水俣に、鹿児島本線の列車が通るようになったのは、一九二七(昭和二)年のことだった。

このような地形のため、漁村が点在していると同時に、農作物を荒らすイノシシを獲って、その肉を売りにくるような場所だった。正月には、イノシシ肉で薩摩汁をつくって食べたものである。薩摩汁は、今でこそ豚肉を用いるが、もともとは野生の豚、つまりイノシシを使っていた。私は少年時代、文化の変容につれて人々の生活と意識が変化していく、一つのフォークロアを体験していた。

一方で、私が育った時代は、日本が日中戦争から太平洋戦争へ歩む時代と重なる。体が弱く、家の中で本を読んで過ごすことの多かった少年時代に、家の近くに教会があったことなども関係して、キリスト教への関心が芽生えた。より大きな戦争に向かっていく時代に思春期を過ごした私は、何かよりどころが欲しくて、改めてカトリックに帰依した。しかし、西ヨーロッパの宗教であるカトリックにも、次第に違和感を覚えるようになった。西欧的な基盤の上にある宗教を、日本の風土に適応させることは難しい。私が持っている日本的な感性との違いを感じたのである。

国家神道が、古来から日本に伝わってきた神々の本来の姿ではなかったことは、敗戦という形で証明された。敗戦後、それまで禁じられていたマルクスをはじめとする西欧の思想に社会全体が向かっていったが、キリスト教と同様に、西欧の思想を日本にそのまま持ち込んでも、日本には馴染まないだろうと私は考えた。また、イデオロギーで物事を裁断することのおそろしさも、戦時中の体験で身にしみていた。

日本の風土にふさわしい思想とは何かを求めて、西欧のものも含めてさまざまな本を読んでいた時期が十年ほど続いた。そんなある日、たまたま柳田國男の『桃太郎の誕生』を読んだ。

柳田國男の本は戦時中にも出ていて、私も持ってはいたが、文章が読みにくかったこと、強烈な思想を求めていた若い私には柳田の書いている世界が微温的に思えたことから、まったく読んでいなかった。

三十代半ばになっていた私にとって、『桃太郎の誕生』という書物は驚きであり、まさしく私が求めていた世界がそこにあった。この本は、タイトルにある桃太郎のお話を含め、私たちがよく知っていると思っている昔話のさまざまなパターンを集め、そこから日本社会の姿の分析を試みたものである。昔話は庶民に語り継がれてきた物語である。その物語が実にバラエティに富んだパターンを持ち、なかには意表をつく展開をするものもあることは、かつての庶民たちの発想が豊かでクリエイティブだったことを教えてくれた。

私は戦前の国家神道にも、戦後のさまざまな政治思想にも、納得できないものがあった。言い換えれば、自分の感覚、感情を投入して崩壊しないような世界は、庶民の中にしかないという確信とでもいうものがあった。そして『桃太郎の誕生』によって、日本の庶民の生活を知らないかぎりは、日本についてどのようなことを言おうと、書こうと、それはどこかで間違っているという考え方を教えられたのである。

これが、私と民俗学との出会いだった。

柳田國男と民俗学

一八七五(明治八)年に生まれた柳田國男は、一〇歳のとき、生まれ故郷の兵庫県で、炊き出しの粥をもらうために列を成す人々を目撃したことが、彼を「民俗学の研究に導いた一つの理由」であると、晩年の回顧録『故郷七十年』で語っている。それは「飢餓を絶滅しなければならない」という思いだった。日本に飢えのない時代がきたのは、一九六〇年代の高度経済成長期になってからである。

折口信夫
柳田國男

明治維新からほどなく生まれた柳田が身を置いた知識人の世界は、近代以前、つまり江戸時代まで続いてきた文化や思想に背を向け、海外から輸入した思想や文学を選んだ。柳田も一時はそうであったが、やがて、古くからある伝承の世界へ戻っていった。

のちに柳田國男は、進歩的思想家である桑原武夫との対談で、「進歩」という言葉を「幸福の増進」という語に置き換えられないか、と言っている。進歩を言うとき、そこには変革、過去からの脱皮を目指す近代主義がある。そのような外国輸入の観念にふりまわされて、日本の古来からの文化を伝えてきた人々のありのままの姿を見ようとしないところに、柳田は問題があるとした。庶民、平民といった言葉に侮蔑の臭いのすることを嫌い、柳田は常民という言葉を使った。柳田は、社会で黙々と働いてきた常民の過去を軽視したり、省略したりせずに、そこから近代の意味を問い直そうとした。

一九〇八(明治四十一)年、宮崎県椎葉村に滞在し

た柳田は、ここの地名や狩り言葉を書きとめ、翌年に『後狩詞記《のちのかりのことばのき》』と題した小冊子として刊行した。これが柳田の民俗学研究の始まりであった。さらに岩手県遠野の佐々木喜善と出会い、佐々木が語る遠野盆地を巡る事件や昔話が『遠野物語』としてまとめられた。この少し後、ジェームズ・フレーザーの『金枝篇』を読んで、柳田が多くの示唆を受けたことも知られている。

柳田國男は若くして西欧の文化に触れ、しかも輸入した文化の模倣を脱して、日本人が自らの土壌に自らの足で立つにはどうすればよいかを考えた、希有な明治人であった。古代文明からの流れをくむ中国文化や欧米文化は、総じてマクロな文化である。そのような外来の文化を基準とすれば、日本文化のニュアンスを取り違える結果を生むことを、柳田は本質的に理解していた。

ヨーロッパの文化に触れた柳田は、伝統文化のあるところにはアイデンティティが確立されていることも、正確に把握していた。日本に、同じようにアイデンティティの基盤とすべき文化はあるのか。外来文化の影響、あるいは上流貴族や武士・僧侶階級にのみ受け継がれた文化は、この特定の階級に属さない多くの日本人が共有してきたものとは言い難い。異なる階層、信条の人たちでも共有できるベースを、柳田は日本人の奥深い意識や感情に求めた。そのベースを呼ぶに当たって、柳田は伝統という語を避けて、伝承という語を選んだ。文字文化を想像させ

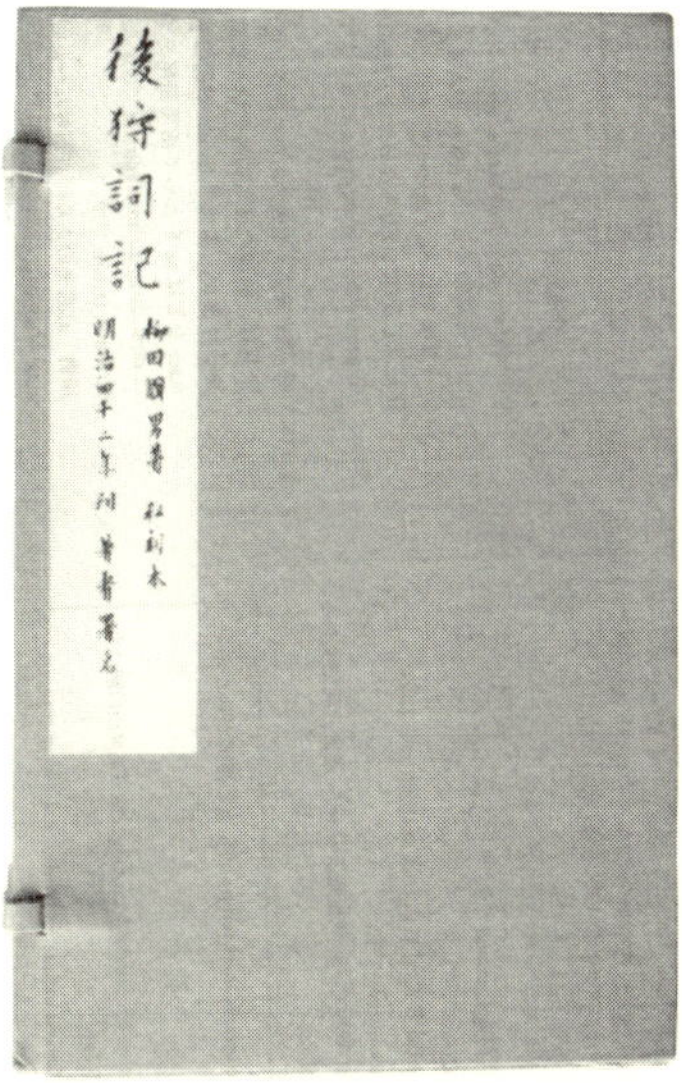

『後狩詞記』初版本

る伝統という語ではなく、人々の間に伝わる民間伝承に、自分たちの世界があることを示したのである。

　柳田國男と、その弟子でもあった折口信夫は、ともに日本民俗学の二大巨頭である。柳田、折口は本居宣長の国学の流れを継いでいるという点で、その民俗学を新・国学ということもできる。

　本居宣長を中心とする国学が、中国文化の影響を「漢心《からごころ》」として排撃したのは、日本人の自立心を恢復しようとする強い願望によるものだった。柳田の民俗学は「日本人の誇りの学」ともいい得るものだが、国粋主義に利用された国学とはまったく違った視点に立つものである。

　柳田は敗戦後の第一冊目の本『祭日考』に収録した、「新国学」と題した一文で、外来の思想の受け売りを学問と称することに嫌悪を示している。さ

らに『山宮考』『氏神と氏子』と、一九四七（昭和二十二）年までに三冊の本をたて続けに出した。これらの内容は、綿密な考証によって、国家神道を内部から掘りくずしていこうとする、ラディカルなものである。

また折口信夫は、柳田の『氏神と氏子』が出る少し前に、『国学院大学新聞』に「新国学としての民俗学」と題する一文を寄稿した。折口は、本居宣長らの国学にある江戸中期の倫理意識が国粋主義に利用されたとし、このような考えから脱する方法を、古代までさかのぼった国民の宗教史の研究に見いだす。そのためには、あるがままの日本人の生活民俗を追う、文書に依存しないことを主張している。

このように柳田、折口が形成した民俗学は、本居宣長の国学と方法においても決定的に違う。宣長はもっぱら書斎にこもって文書を相手にし、コレクションしていた鈴をたまに振って、その音に慰められて『古事記伝』という優れた本を書いた。これに

対し、柳田、折口は絶えず旅を続け、訪れた土地で庶民と親しくつきあい、その土地に残る民話や習俗を収集したのである。本居宣長のデスクワークとは対照的に、フィールドワークから民俗学を築いた。

　若き日の柳田國男と出会い、民俗学に深くひかれた渋沢敬三は、民具や郷土玩具などを収集する方法をとり、また文献研究にも力を入れた。しかし民具の場合には、用途がはっきりわからないものもある。道具の名称が残っていれば、そこから類推することも可能だが、道具という物だけでは解き明かせないことも少なくない。この流れから生まれたのが、常民の暮らしに焦点をあてた宮本常一の民俗学である。宮本は十数年にわたる、ほとんど放浪とでもいうべき旅を続け、たと

えば釣り糸の変化が漁法全体を変えていくといった具体的な事例から、日本の庶民の生活史をすくいあげ、記録した。

柳田國男、折口信夫の民俗学は、言葉を手がかりにした。言葉には、すでに意味があり、また心情的な側面をかいま見ることもできる。言葉の意味をさかのぼっていくと、たとえば「親」という言葉が血縁の親子の親だけを指すのではなく、以前は指導者や年長者に対する尊敬語であったことがわかる。「親」という観念が変わってきたことを、一つの言葉から解き明かしていくことができるのである。

また柳田、折口は死後の世界、他界の観念に大き

な関心を持っていたという点でも、渋沢や宮本と異なる。死後の世界については、本居宣長も、その弟子であった平田篤胤もほとんど関心を示していない。他界について民俗学的なアプローチを開いたのは、柳田と折口であり、それは古代人の世界観とつながるものである。

私は柳田、折口の系譜を引く者であり、現場(フィールド)に出て古老の話を聞き、民俗語彙を手がかりに、古代人の世界観を追究してきた。

民俗学の見方

私は民俗学を「神と人間と自然の交渉の学」と定義している。ここにいう神とは、キリスト教などでいう、被造物と一線を画すような超越的な神ではない。また自然とは、動物や植物だけでなく、石や水、土、空気まですべてを含む。現在の環境問題に引き寄せていえば、地球上のすべての存在が連環してつくりだしている環境あるいは生態系であるところの自然である。

そして人間とは、自然的人間である。これは道徳的、あるいは宗教的な人間観や、経済的な人間観とまったく違う。民俗学は人間を生き物の一員として、動物と同等に扱う。ただ、人間が他の生き物と違う点は、死後の世界を想像でき、夢みることができることだ。この一点においてのみ、他の動物と区別する。

この前提のもとに、民俗学は現在残されている地名、習俗、祭りなどを頼りにして、古代人の世界をひもといていく。地名といっても、古くからあるもので、近代以降に市町村合併や町名改変によって付けられたものではない。祭りについても、都市でみられるような華やかに神輿をかつぐ場面を見るのではない。時代をさかのぼればさかのぼるほど、祭りは外部の者、他者を拒むものだった。また祭りで重要だったのは、神と共に一晩過ごす宵宮であった。民俗学が主要な研究対象とするのは、宵宮にみられるように、神と当事者が向き合う場面に伝えられている、古代の人々の考え方、暮らし方である。

日本の伝統文化のもっとも古く、変わりない担い手は、神社と地名である。日本の神々は、現在に近くなるほど、変容が著しい。これは日本に限ったことではない。柳田國男もハイネの『流刑の神々』に大きな感銘を受けたことを何度か記しているが、ヨーロッパではキリスト教の支配によってギリシア・ローマの神々が魔人や悪霊として流刑に処せられているのである。日本では、記紀編纂の頃に、先住の土着の神々が、同様の扱いを受けている。また明治政府が創始した国家神道によって、日本の神々

は支配の道具にされた。

　古代の人々の考え方に近づくためには、後代の付加物をできるだけそぎ落として、原型に迫る努力が必要となる。国家神道の外がわに置かれた風俗神に、その原型を見いだすこともできる。

　また一口に日本文化といっても、日本列島の東北部と南島では、中央部とははっきり違った系列の時間が流れている。それは文明の進歩の速い遅いをはかる物理的な時間とはまったく別の、意識的な時間の流れである。その持続する意識的時間の流れを伝統と呼ぶとき、日本文化を一つの型にはめたものとして扱うことが、決して正しくないことを知る。

　沖縄は古代日本をしのばせる多くの習俗を残した地である。沖縄の歴史をみると、鉄器の導入が十三世紀といわれており、極めて遅い。日本本土では弥生時代初頭、紀元前三、四世紀に鉄器が伝わっている。また太陰暦

も、十八世紀初頭まで沖縄には伝わっていなかったという。さらに仏教は庶民の生活にはほとんど浸透していなかった。

柳田國男は一九二一（大正十）年に奄美・沖縄を訪れ、『南海小記』を記している。柳田が沖縄を旅したのはこの一回きりであったが、最晩年に十年がかりで執筆し、一九六一（昭和三十六）年に出版された『海上の道』で、南島で触れた人々の世界観から、日本人の他界観を考察している。また柳田を追うように南島を訪れた折口信夫も、『古代研究』を記し、沖縄から他界観を構築しようとした。

沖縄が日本古俗を映し出す鏡であるとすれば、濃厚なアニミズムの世界観に貫かれたアイヌの民俗は、古代以前の日本を映す鏡であるということができる。

日本の民俗学の独自性

柳田國男の民俗学に対し「一国民俗学」、つまり日本という狭い範囲を対象とした学問だという批判がある。日本は古来、中国の影響を受けてきたことは事実であるが、長い時間を経て日本的なものに変化していることも見逃せない。

民俗学は弥生、縄文時代にまでさかのぼり、目に見えない地下水脈のようにつながってきた民族性、エートス、言い換えれば民族固有の心情、メンタリティを追い求めるものだ。民俗学が「一国」になるのは必然ともいえよう。そうしたことを考えるとき、日本の立地の持つ意味は大きい。

大小の多くの島々から成る日本列島は、大陸に対して、いわば袈裟懸けに、あるいは花綵《はなづな》のように、南北に長くのびている。このために四季折々の変化に富み、雪の降る北海道から、亜熱帯の奄美・沖縄まで多様な風土を擁している。大陸には、古代より高度な文明を育んできた中国があり、その影響を直接に受けていた朝鮮半島があった。大陸との距離は、しばしばその攻撃にさらされるほど近くはないが、常に高度な文明とその産物が渡来するくらいには近い。

古代文明の地、中国やギリシアでは、周囲は蛮族であり、自分たちが中心であるという意識があった。逆に大陸から遠く離れた南太平洋諸島では、外界からの刺激がほとんどなかったために、自らの生活に自足することができた。しかし日本列島は、その位置によって、常に外界からの刺激を受け、また平野の少ない島国で物資の乏しい状況から、欠乏感を抱いていた。

そのような古代の人々が、どのような世界観、宇宙観を持っていたのかを探るのが民俗学である。ここでいう世界観とは地理的世界に対する観念ではなく、宇宙観も天文学的な宇宙をいうのではない。

ヨーロッパにも『金枝篇』にみられるように、古代人の暮らしを解き明かそうという学問があった。しかし十九世紀のヨーロッパでは、キリスト教以前の習俗の多くがキリスト教による影響を深く受けており、その原型を見いだすことは困難だった。民俗、フォークロアとして残されていたのは、ドイツにおけるグリム童話のような、民話だけだったといってよい。このため、ヨーロッパでは未開人の習俗の研究に向かうのだが、それは植民地であるアフリカやアジア、南アメリカの未開人を対象とすることにならざるを得なかった。したがって、風土、言語はもとより、ヨーロッパの研究者にとってはまったく異質な文化を対象とすることになった。これが、人類を研究対象とする社会科学としての、文化人類学という学問になっている。

柳田國男や折口信夫が旅を続けていた時代の日本は、その特異な立地にもより、古くからの習俗が残っており、それに実際に触れられるという点で、もっともフィールドワークに適していた。しかも、自らが生まれ育った文化を背景とする習俗を対象とするのだから、その地下水脈を深くまで掘り下げることができる。この点で、文化人類学にみられるような異文化研究と、民俗学はまったく異なる学問なのである。

こうした条件から、日本の民俗学は独自の、いわば固有の学問になったのである。さらに折口信夫は『古代研究』のあとがきに「私一個の民俗学」と書いている。自らが求めるところへ突き進むという点で、私もまったく同じである。

幸福とは何か

民俗学に取り組むうちに、私は古代人の死生観、他界観への関心を深めた。その一因は、すでに述べたように、キリスト教への違和感である。キリスト教では、死後の世界は天国か地獄へ行くのだが、地獄というのは責めさいなまれる苦しい世界として描かれている。輪廻転生という再生の思想を持つ仏教でも、地獄におちたら苦しいことこの上ない目にあう。そうした死後の世界のイメージに嫌な感じを持っていたのも、正直なところである。

日本の風土に合った思想、宗教と

太陽が昇ってから沈むまでの間にあった。

は何かを考えているなかで出会った柳田國男の民俗学が、日本の古代を扱っていることに、私はもっとも関心を寄せた。

人間は死んだらどこへ行くのか。これは、古代人にとっても大きなテーマだった。日本の古代には、死後の世界、すなわち他界で休んだ後に、別の人格に「生まれがえる」という思想があった。その詳細についてはのちに述べる。この考え方を信じるか否かは別として、そのような循環的世界観に私は強くひかれる。死んだら死んだ切りというのでは、生きている間もいい加減なことをしてしまうのではないだろうか。

民俗学が解き明かすのは、過去に人々がどのようにして幸福を求めたのか、ということでもある。先に触れた柳田國男の「幸福の増進」という言葉を借りれば、二十一世紀は十九世紀より進歩したというが、では二十一世紀は十九世紀より幸福が増進したのかという問いができる。科学や技術の進歩により、人間は本当に幸福になっているのかという命題である。

「親」という言葉から、この命題を考えることもできる。親は、封建時代には何らかの作業をする際の、リーダーのような立場の人を指していた。そこには、血縁、非血縁にかかわらず、大家族のように日々の暮らしを支え合う関係があったことがわかる。そのような暮らし方は、現代の生活と比べて劣っているのだろうか。現代の生活は、そのような暮らし方よりも幸福だろうか。

かつては漁民も狩猟民も、獲物を平等に分け合うという決まりがあった。それは後述するように「タ

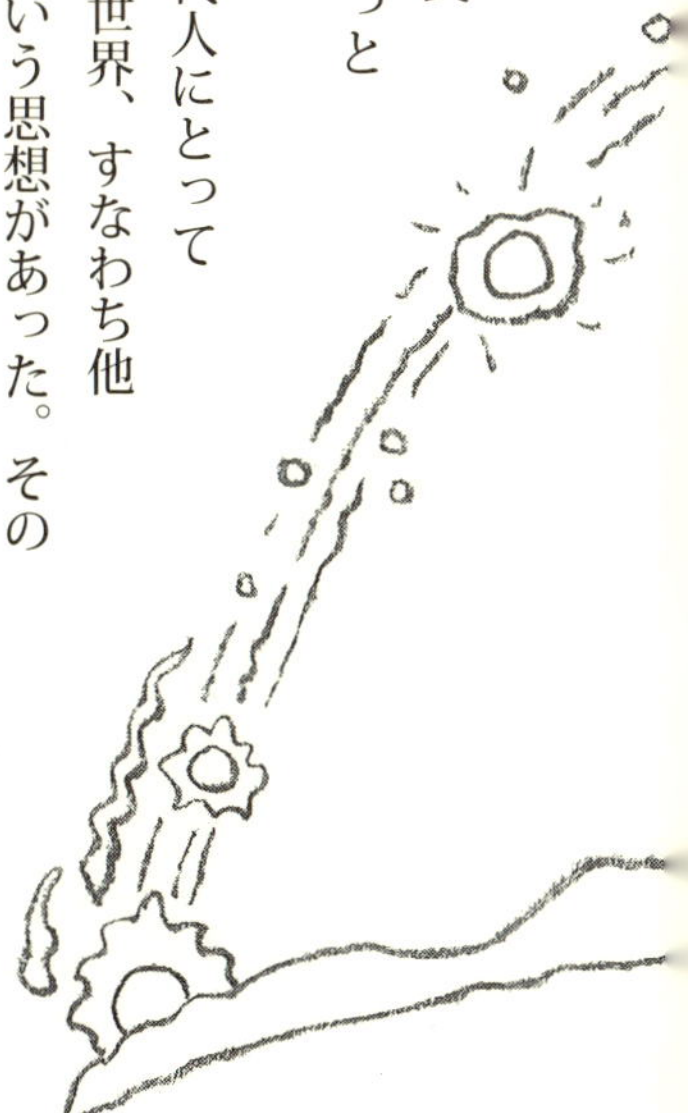

マス」という言葉として残っている。

格差社会といわれる現代において、幸福、あるいは平等を考えるときに、民俗学は重要な視点を提供するものである。

神酒（ミシヤグ）の用意

神に供える供物

二……古代人の世界観

太陽の洞窟

先史、古代の人々の暮らしは、多くの場合、限られた生活空間で営まれていたと考えられる。一定の生活領域の中で、長い時間をかけて伝承されてきた慣習の背景には、古代人の意識を支えた世界観もしくは宇宙観が横たわっている。

一世紀末に書かれた『漢書』地理志には、倭人の国が百余国に分かれていたとある。また『日本書紀』の神武天皇の条には、村ごとに長老あるいは君主がいて、それぞれの村が境を分けて争っていたとある。これらの記述は、村が人々の生活はもとより統治の単位であったことを伝えるものだ。対馬ではごく最近まで、隣村に行く場合も「旅にいく」と言っていた。

そのような人々にとって、生活の「全体」についての認識は、太陽が昇ってから沈むまでの間にあった。太陽が昇ってくる位置、沈む位置が一定の範囲内であり、規則的に変化することも観察していたであろう。『万葉集』巻一には、日の経《たて》、日の緯《よこ》という言葉が対応する語として使われており、これは東と西を指していると考えられている。あるいは『日本書紀』では成務天皇の条に、東西を日の縦《たたし》、南北を日の横《よこし》としたとの記述がある。いずれも、太陽を目安にして方角を定めたことをうかがわせる。

古代の人々は、太陽は沈んでから地下をくぐって再び昇る、と考えていたと思われる。この考えがよく現れているのが、大和盆地である。ここでは、太陽は三輪山から出て、二上山に沈む。春分、あるい

檜原神社

は秋分の日には、三輪山のふもとにある檜原《ひばら》神社から太陽が昇り、二上山の北の穴虫峠《あなむしとうげ》に沈む。大和盆地に生きた古代人が、三輪山と二上山によって東と西の観念を意識していただろうことが想像できる。檜原神社のすぐ北に穴師《あなし》という所があり、ここに兵主神社がある。穴師は、その昔、祭りの日に背後の山村から山人が草木のかずらをかぶって出てきた神聖な場所とされている。大和盆地と三輪山から東に連なる山地をつなぐ道が穴師であり、大和盆地と二上山の西にある河内平野を結ぶ重要な峠が穴虫峠である。東の穴師、西の穴虫という地名から、「穴」が太陽が昇り、沈んでいく「太陽の洞窟」だと推定することができる。

また沖縄の古謡集『おもろさうし』には「太陽(てだ)が穴」という言葉がたくさん出てくる。これも「太陽の洞窟」を指す。沖縄では、太陽は毎朝、東にある穴から誕生すると信じられていた。その穴は、もともとは集落の東方にある穴であった。宮古島では「太陽が穴」を「てだがガま(洞窟)」と呼び、集落の東にある洞窟から太陽が昇ると信じられていた。これが十五世紀前半から十六世紀前半にかけて、第一尚氏による東方聖地の観念の強調の影響もあったとみられ、「太陽が穴」も東の海上に想定されるようになる。

古代の一年と暦

日本列島では文字暦のない時代が長く続いた。日本本土に暦が伝来したのは六世紀である。八世紀初頭に編纂された『日本書紀』は、厳密な暦法によって記述されている。

文字暦が伝わる前は、自然暦が用いられた。

自然暦とは、たとえば山に残っている雪の形に播種の時を見定めるといった、周囲の自然から得られる情報で季節の変化を知るものである。

『魏志倭人伝』には、日本について多くを引用したとされる『魏略』に、三世紀後半の日本には暦がなかったことを示す記述がある、とい

う注がつけられている（『魏略』そのものは失われている）。ここから、少なくとも三世紀後半までの日本列島では、春に耕し、秋に収穫することをもって、一つのサイクルとしていたことがわかる。すでに太陽の位置から二十四節気によって季節を春夏秋冬に分け、太陰太陽暦を採用していた中国からみれば、春夏秋冬のはっきりした区切りもない社会ということで、記されたのだろう。

春の種まきと秋の収穫をもって生活のサイクルとする日本列島の人々は、種まきや刈り取りのタイミングをはかるために、五感を総動員して自然現象を観察したことは間違いない。山に残る雪の形、渡り鳥の去来、落葉樹の芽吹き、風の吹く方向、星の動きなどを観察し、その知識を蓄え、伝えてきた。

古代の日本人は、星に対する関心がうすく、あまり親しみを持ってはいなかったが、スバルには特別に愛着を示した。なぜなら、農業や漁業の目安となったからである。スバルはプレアデス星団に属する星の一団で、日本独自の呼び名である。たとえば内田武志の『星の方言と民俗』は、静岡県賀茂郡で、サンマ漁の時期をスバルの位置で見定めていたことを報告している。内田は、「スバルが二丈ぐらいの高さに達したとき」あるいは「胸の高さほどに昇ったとき」といった目分量で、農耕の折り目が決められていたことも記している。

同様の例は、日本各地でみられる。さまざまなスバルの呼び名があることからも、生活、すなわち農業や漁業に密接な関わりがあったことがうかがえる。また、北斗七星も地域による異名に富み、農業や漁業の目安にされたことがわかっている。

本居宣長は『真暦考』のなかで、有史以前には月日の呼称はなかったと述べている。これによれば、空の月を見て、朔《ついたち》（月立ち）と晦《つごもり》（月ごもり）は見てわかるので、朔から次の朔までをひと月としていた。どの月を始まりとするといった順序もなかったという。馬淵東一によれば、台湾の先住民族であるブヌン族の場合も、一カ月は月が見える期間を指すという。つまり、月の見えない間は一カ月に入らない。また、ツオウ族は一年が十二カ月であることは知っているものの、十一カ月しか数えないという。この例から、日本列島には、一年の始まりを播種のときとし、収穫によって一年が終わり、それ以外の時間は勘定に入れない時代があったと推定される。

稲やこれに代わる穀物を刈り取った直後は、収穫を神に感謝し、新穀を神と共食して祝う。それは陰暦九月までである。十月には『延喜式』の古社の四時祭式にも一つも例祭がない。十月は神無月と呼ばれたが、もともと、陰暦十月は神が現世に存在しない月、神が根の国に集まる月と考えられたのではないか。諸国の神々が出雲に集まるというのは、後代に発生した考えであろう。

南島に暦が伝わったのは十四世紀後半か十五世紀といい、民間に普及するのは、さらにのちのことである。南島でも自然暦が口頭で伝承されてきた。またスバルは播種の時期を知る重要な目安であった。そして、陰暦九月には収穫祭がある。

宮古諸島の大神島や池間島では、陰暦十月をンナックと呼んでいる。ンナは無であり、ツクは月である。つまり十月は無の月である。このために、十月には婚礼や家普請などの祝事は禁じられている。これは、かつては一年が九月で終わり、十月は一年の勘定に入っていなかったことを示しているのではないか。

洪水神話

古代人の世界観あるいは宇宙観は、神話的な世界に映し出されている。世界の各地に大洪水と人類の先祖にまつわる神話がある。この原型となったと思われる中国の神話は、人間がやりたい放題、好きなことばかりしたので、神が罰として大洪水を起こし、人間はとてつもない災難にみまわれる。その洪水で兄妹の二人だけが生き残り、夫婦になり、子孫をつくったというのが骨子である。同様の神話は南中国からインドネシア、中東まで、広くアジア大陸全体にみられる。中東で生まれた『旧約聖書』に記されている「ノアの方舟」の話はよく知られているが、この場合も世界に流布する洪水神話の一形態である。世界各地で神話として語り継がれてきた大洪水は、何千年も前に実際に起こり、人類のはるか昔の記憶に刻まれたのであろう。

『古事記』『日本書紀』に記された日本の神話も、大洪水神話の流れから生まれたものだと考えられる。ただし、日本の神話

は大洪水の後から始まる。天と地が分かれ、まだ国土が固まらないうちに神々が現れ、それらの神たちから矛を託されたイザナギノ命《みこと》とイザナミノ命は、天上から矛で海をかき回し、その先から滴り落ちた塩水でできたオノコロ島に降り立った。オノコロ島で夫婦となったイザナギ、イザナミは、国を生むのである。

洪水神話における洪水は、いずれの場合も、神の怒りを招いた人類に対する罰だった。日本の神話では、罰であった大洪水がカットされており、水が引いた後から始まっている点に大きな特徴がある。大洪水の部分をカットしているために、はるかな高所からの目もくらむような失墜感、凄さがない。また、洪水で生き残った兄妹に相当するイザナギ、イザナミを兄と妹とは明確に規定しておらず、しかもこの二人は国を生むのであって、子どもを産むのではないという点でも、他の地域の神話と違っている。

日本の神話がこのような特徴を備えているのはなぜか。記紀編纂の主要な目的の一

つが、皇室の起源を合理的な形で説明し、皇統譜を確立することにあったのは明らかであるから、そのために都合のよい形でつくられたからではないか。大洪水を組み込むと、天皇家が罪を背負う形になってしまうので、意図的に洪水に至る人間の罪と、それに対する神の罰が省略された。また、皇室の始祖となるイザナギ、イザナミを兄妹であるとすることは許されなかった。

このような変形を加えられているにもかかわらず、中国の洪水神話の影響を受けていると考えられる理由の一つは、イザナギ、イザナミという名前にある。ナギ、ナミ、あるいはナガは、ヘビを表す言葉である。インドにはナガというヘビを信仰する民族がいる。中国神話で生き残った兄妹にはフクギとジョカという名がついているが、この二人の絵が残っている。そこでは、兄妹の下半身がヘビの形になっており、互いに絡んでいる図が描かれている。イザナギ、イザナミはヘビであり、中国の神話の影響を受けて、日本化されたものだろう。

フクギとジョカは、大きなひょうたんの中に隠れて、洪水の難を逃れた。ひょうたんは、いわば方舟の役目を果たしている

のである。東南アジアの神話でも、生き残った兄妹は大きなひょうたんの中に隠れていたとなっている。同様の神話は沖縄にもあるが、いつ、この話が伝わったのかはわからない。

ひょうたんはアフリカを原産地として、日本にも縄文早期に渡ってきているとみられている。若狭の鳥浜貝塚では、縄文早期の地層からひょうたんがたくさん出土しており、すでに栽培されていたことを示している。鳥浜貝塚は川底に沈んでいたために、ひょうたんのような植物が分解されずに残っていた。これによって、ひょうたんが縄文早期から器として使われていたことがわかったのである。日本では、ひょうたんといえば中央がくびれた千成り瓢箪のようなものをイメージするが、鳥浜貝塚から出てきたものはまん丸い、夕顔と同じような形のものだった。

朝鮮半島ではひょうたんといえば、夕顔のような丸い形のものばかりである。ひょうたんを縦に割って、水を汲む道具、米を量る道具、あるいは入れ物とし

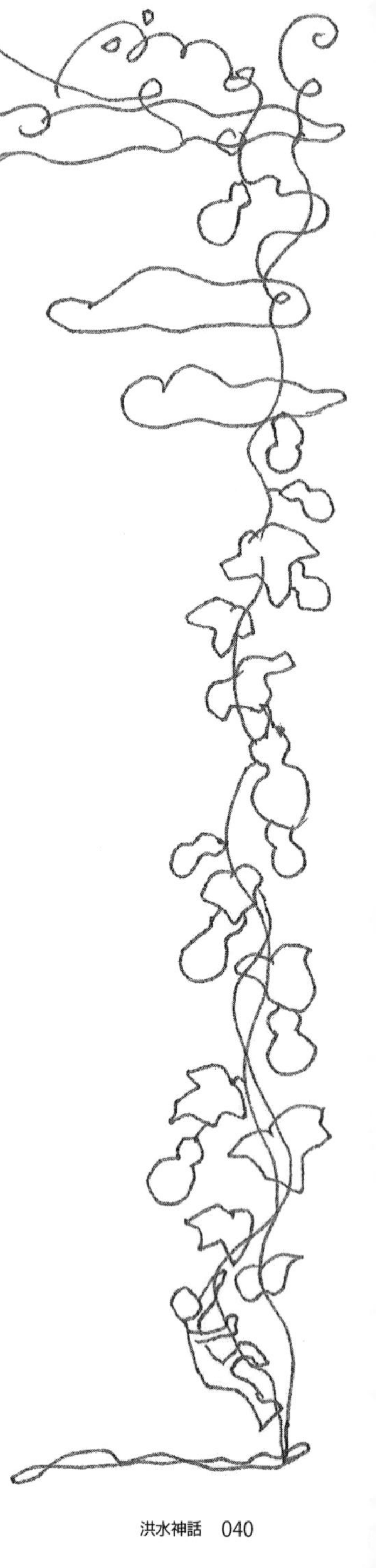

て使っていた。現在の韓国では、これがプラスチック容器になっているのだが、ひょうたんのへたの形を残しているところが面白い。朝鮮半島ではひょうたんの形をいかして使っていたが、日本では柄をつけて柄杓にした。杓はひょうたんを指す。

洪水神話に登場するひょうたんは、古くからアジア一帯で日用の道具として親しまれていたと考えられる。

日本における洪水神話の名残は、民話にある羽衣伝説にもみることができる。水浴をしているときに羽衣をとられた天女は、泣く泣くその家の養女、あるいは妻になる。やがて子どもを産み、あるとき、その子どもが天女の羽衣の在り処を発見してしまう。それを知った天女は在り処を聞き出し、羽衣を取り戻して天に帰っていく。そのときに、自分は天に昇ってしまうけれど、このひょうたんの種をまいて、ツルが伸びたら、そのツルをよじ登って天に会いに来てくれという手紙を、夫である男に残していく。ここにもひょうたんが出てくるのが興味深い。

男は種をまき、伸びたツルを伝って天に帰った妻に会いに行く。ひょうたんのツルがはしごになる。天空へ上がっていった男は、天の神から無理難題を言いつけられ、さまざまな試練を受けるが、妻の助言によってこれを解決することができた。しかし、あるとき、瓜畑の番をさせられた男は、実った瓜、つまりひょうたんを食べてはいけないと言われたのに、喉が渇いてしまって、つい瓜をもいで、割って食べようとした。すると、その瓜から洪水のように水があふれだし、男は天上から地上に押し流されてしまう。

日本ではひょうたんを「ひさ」とも言った。「ひさかたの」という言葉は、瓢簞の形をしたという意味である。「ひさかたの天」「ひさかたの雨」「ひさかたの空」といったように、「ひさかたの」は天空の枕詞になっている。それはひょうたんの形をした天、空という意味だ。『続日本紀』に出てくる「ひさかたの天の橋立」という言葉は、天のはしごを意味する。羽衣伝説で、ひょうたんのツルが天に通じるはしごになり、男を天上に導いたことに通じている。

古代人の宇宙観

古代人は天空、すなわち宇宙を丸いと考えていた。抽象的に丸いのではなく、ひょうたんのような形、または卵のような形と、具体的にとらえていた。

『日本書紀』の冒頭には、天地がまだ分かれていなかったときの宇宙は、混沌とした鶏卵のようだったと記されている。これは、中国の『三五歴紀』などの借用であることが知られている。

また朝鮮の『三国遺事』には、新羅の始祖である赫居世《ヒョコセ》の出生にまつわる卵生説話がある。森の中に大きな紫色の卵があり、その前に白い馬がぬかずいて礼拝していた。その紫色の卵を持ち帰り、そこから生まれたのが赫居世だったとされている。その紫色の卵は、朴《パク》に似ていたと書かれているが、朴はひょうたんを指す。そのことから、姓を朴としたと述べている。これによっても、卵とひょうた

んの形が似ていることがわかる。

韓国の民俗学者によれば、天を意味するハヌルという単語は、「ハン（大）」と「アル（卵）」に分解できるという。つまり、天を示す言葉は、もともと「大きな卵」を意味するというのである。新羅の始祖が卵から生まれたという神話は、代々の王侯や貴族たちにも受け継がれたとみられる。新羅の都があった慶州で発掘された155号墳（天馬塚）の石室からは、壺に入った卵の殻が約二〇個出てきた。この場合の卵は、死者が卵から再生することを願ったものと考えられる。

新羅の王陵をはじめ、現在に至るまで朝鮮の墳墓はすべて土まんじゅうで、その表土を草が覆っている。この墳墓の形が日本に伝来したと考えるのが自然だろう。こうしたことから、日本の円墳は卵の形

皇南洞155号古墳全景（「慶州皇南洞155号古墳発掘略報告」より）

155号古墳より発掘された鶏卵の殻（「慶州皇南洞155号古墳発掘略報告」より）

を模したものであり、前方後円墳は二つのひょうたんをくっつけた形を表しているとみることができる。なぜならば、古代人はやがて生まれがえることを目指していた、再生したいと願っていたからである。再生のための入れ物が、卵でありひょうたんであった。古墳も、再生のための入れ物であったと考えられる。

古代においては、人間が生まれる、誕生することは、新しく生まれるのではなくて生まれがえる、つまり新生ではなく再生であると考えられていた。生まれがえるためには、ある条件があった。閉鎖された空間に、ある一定の時間いることである。密閉された中空の空間、それに一番ふさわしいのは卵である。卵そのものから鳥などが生まれることから、人間が卵から生まれてもおかしくはない。このような考え方が卵生説話として世界にある。

また、ひょうたんが再生の器とされていたことは、中国の伝説にもみることができる。ある皇帝が、長

中国の
犬頭人伝説

年にわたり戦っている敵将がなかなか降伏しないので、敵将の首をとってきた者に自分の娘をやると宣言する。これを聞いていた皇帝の飼い犬は、敵陣に乗り込んで敵将の首をとってくる。宣言した以上、皇帝は自分の娘を犬にやらざるを得ない。娘は致し方ないと思うものの、やはり犬を人間に変えたい。そこで、大きなひょうたんに犬を入れて、じっと待つことにしたが、ちょっとしたいたずら心から、娘はひょうたんを開けてしまう。すると、犬の身体は人間になっていたが、首から上はまだ犬のままだった。これを犬頭人という。

この伝説は、動物を始祖とする人々の存在にもつながっている。福建省あたりにいる閩（ビン）族という少数民族は、犬頭人の子孫であるとして、女たちはいつもベールをたらして顔を隠している。閩という文字も、門構えに虫と書くので、人間ではないことを示唆している。沖縄の与那国、小浜、奄美の加計呂麻島にも、犬祖伝説がある。それはおそらく、隼人にも伝わっている。さらに、江戸時代後期にはこの犬頭人の伝説が滝沢馬琴の『南総里見八犬伝』になる。

現世と他界

古代の人々にとって、自らに関わるもっとも重要な問題は、死んだらどこへ行くのかということだった。生と死は、目の前で繰り返される生命の営みでもあった。

『古事記』『日本書紀』では、現世と他界がイザナギとイザナミのところで分かれている。死んだ妻イザナミを、イザナギが黄泉の国に訪ねていくと、イザナミは自分の醜い姿を見ないでほしいと頼むのだが、イザナギは櫛に火をともしてその姿を見てしまう。ウジがたかる姿を見られたイザナミは怒って、逃げるイザナギを追いかけ、とうとう黄泉比良坂《よもつひらさか》で二人は決別する。ここから、現世と他界の分離が始まった。

生と死の関係を、現代の私たちは現世＝生、他界＝死と二分している。しかし、古代における他界は単に死後の世界なのではなく、日常的な生活空間から離れた場所、また日常的な生活空間から隔絶した遠い時間をも指していた。

古代の日本には、他界を表す言葉が複数あった。その一つが「根の国」という言葉である。柳田國男は『海上の道』に収録した「根の国の話」で、ネノクニという日本固有の言葉に、根の国という漢字をあてたために、地下にある国のような誤解を導いたのではないかと記している。柳田は、ネは出発点、中心点という意味であると述べている。つまり根の国とは、根元の国、大本の国であり、原点を意味している。根の国と同じ観念を持つ、もう一つの言葉に「本つ国」がある。現世の善いもの、悪いもの、すべてが本つ国から来ると考えられた。万象畢生の国、原郷という意味がある。すべての出発点であり、しかも万物が回帰していく終着点でもある。

記紀には、イザナギの息子の一人であるスサノオが、亡き母(妣)の国、根の国へ行きたいと泣きわめいたと記されている。「妣の国」もまた、他界を指す言葉である。妣という文字は亡くなった母を意味し、この国は亡母、そのまた母たちが住んでいる国であり、ここには亡母への思慕が込められている。

『日本書紀』には他界を示すもう一つの言葉「とこよ」に「常世」と「常夜」、二通りの書き方がみられる。

とこよの入口

折口信夫は、「とこよ」の観念が変遷したことを『民俗史観における他界観念』で述べている。折口は、「とこよ」の第一義として、常夜、暗黒の世界とする。第二番目に、常齢をあげる。永久の齢、すなわち長寿不死の国を意味する。それは仙人の住む蓬莱島のような、楽園とみることができる。折口が第三義とするのが、常愛、不死にして愛の楽土であるという。

古代には、死者は水辺や岬、さらには地先の小島、あるいは山奥に葬られた。それは常夜の世界であっただろう。ただし、海辺の死者を埋葬したとみられる洞窟などは、光が入るので、暗やみというよりは薄明の世界であった。常夜は、黄泉の国と同様に、大陸から伝わった墳墓にある横穴式石室の真っ暗な世界からの影響があると考えられる。

常世の「常」は不断に、いつもという意味である。世は、古い日本語では稲や粟などの穀物を指していた。このことから、常世とは、いつもたわわに稲が実っている豊かな国を意味していると考えられる。『日本書紀』の垂仁天皇の条には、田道間守《たじまもり》に命じて「常世国」から「非時《ときじく》のかぐの実」を持ち帰らせたという話がある。同様の内容は、『万葉集』にもみられる。非時とは、季節を選ばないということで、かぐの実は香りのよい木の実で、要するに柑橘類を指している。この例からも、常世とは、いつも穀物や果実が実っている豊かな場所を指していることがわかる。これは、南方の国々であると考えるのが自然である。

他界、死者の世界は、長寿不死の世界となり、豊かな農作物に恵まれた理想郷のような世界に変遷していった。八世紀初めに編纂、成立した『常陸国風土記』は、産物が豊かな常陸が、おそらく常世国《とこよのくに》といわれる地であろうと述べている。

常世という観念には、死後の世界、他界であると同時に、漠然とした南の国への憧れがみられる。ここには、時間としての他界と、空間としての他界が混ざり合った、古代日本人の考え方の独自性がみてとれるのである。

南への憧れは、日本人の祖先となった人々が何千年か前に黒潮に乗り、南から流れ着いたというはるかな記憶、やってきた道筋を逆にたどるものであろう。インドネシア、インドシナ、中国南部の三毛作、三毛作の国から、黒潮に乗ってきた人々がいた。

『古事記』で、オオクニヌシと力を合わせて国をつくったスクナヒコは、常世国からやってきて、国づくりを終えた後に、また常世国へ去っていったとある。つまり、常世から来る来訪神なのである。スクナヒコは酒を司る神であるともされ、常世が穀物が豊かな世界としてイメージされていることがわかる。

また『日本書紀』の皇極天皇の条には、常世の虫を祀ったら金持ちになり、長生きすることもできると言いふらした者が登場する。ここでは、常世は幸福をもたらす理想郷と考えられている。

常世という言葉が使われるのは、『古事記』『日本書紀』『万葉集』や『風土記』の時代までで、それ以降はみられなくなる。一方で、根の国の思想は平安時代にも残ったが、そのイメージは暗くじめじめした世界に変わっている。宮中でよみあげられた祝詞には、さまざまな罪を「根の国・底の国」へ吹き放ってほしいとする内容がある。また、根の国・底の国からやってくる荒々しくうとましいものの仲間にならないようにと、道の境の神に警告する祝詞もある。常世の観念がすたれた後、すべてのものの原郷とされていた世界も失われた。

マレビト

物資の乏しい島国であるゆえに、古来、日本では外から来るものを歓待した。島国のホスピタリティともいうべき異人歓待の風習がある。同様のことはエスキモー(イヌイット)、チベットの人々にも見られ、辺境に生まれるメンタリティであるということもできる。

日本では、海を越えた遠くの世界からたまに来る人を、マレビトと呼び、そのような人を珍重してきた。自分たちと違う人たち、言葉や慣習、髪や目、皮膚の色が違う、背が高いなど、外観の珍しい人たちほど、マレビトとしての性格を明確に持つとみなされた。

折口信夫は遠方からの来訪者を指して、マレビトと呼んだ。スサノオのように遠方からの来訪神も、マレビトとした。折口はその最後の著作『民俗史観における他界観念』で、マレビトの三つの段階を示している。折口によれば、完全なマレビトとは「他界身」と「人界身」を兼ね備えたものである。具体

的な例として、八重山群島の豊年祭にやってくる世持神、アカマタ・クロマタを挙げることができる（アカマタ・クロマタ・シロマタの三神がある集落もある）。世持神の「世」は、常世の「世」と同様に穀物を指す。海の彼方から豊穣をもたらすとされるアカマタ・クロマタは全身を草木の葉で覆われている。祭りでは、村の男たちがアカマタ・クロマタに扮する。

また石垣島の川平で行われるマユンガナシの行事は、暗い晩を選んで、村の若者がクバの葉でつくった蓑笠を着て家々を訪ねてまわり、祝福の言葉を述べる。この行事の由来として、次のような物語がある。一年でもっとも大切な節《しつ》の日、ヤマトでいえば正月に当たる日に、神が人間の姿で訪れ、一晩の宿を貸してくれと頼んだが、川平の家々は祭りの日だから旅人を泊めることはできないと断った。ところが一軒だけ泊めた家があり、旅人は作物がよくできるようにしてやると約束して去ったという。この神が、マユンガナシと呼ばれている。

この物語と似た話が、『常陸国風土記』や『備後国風土記』逸文にみられる。異形ではあるが、人間の姿で現れるという点では、秋田地方のナマハゲも同様の存在である。

この完全なるマレビトに対し、不完全なものとして、白鳥やイルカ、ジュゴンなどがある。これらは、周期を定めて人界を訪れるが、人間の姿になることはない。イルカ、ジュゴン、サメ、ウミガメなどは海の神の使者とみなされる一方で、これを一族一門の先祖と信じてきた人々もいる。折口は、現世では人間の姿をしていないこれらの動物たちに対し、常世＝他界では自分がたとえばジュゴンかもしれない、と述べ、それらの生き物と人間が一体感を持つ心情を述べている。このような生き物に対する親密な感情は、東北の人々がオオハクチョウに寄せてきた信仰の中からもくみとることができる。

マユンガナシ

さらに折口は、季節風のようにある時期に決まった方角から吹く風、海辺で立神と呼ばれている岩など、無生物もマレビトに準ずるものだと言っている。

ニライカナイ

奄美、沖縄では、常世に相当する神の島をニライカナイ、あるいはニルヤ、ニローなどと呼ぶ。

常世の観念には、日本の神話にみられる現世と他界＝常世の分離が影響を及ぼしている。イザナギとイザナミ、スサノオとアマテラスの対立、葛藤は、一口にいえば現世と他界＝常世の対立である。現世から他界をのぞみ、他界の存在と一つになることへの憧れに身を任せたいという感情が、常世の観念には込められている。それは、求めても得られない、「失われた楽園」への嘆きでもある。

これに対して、南島のニライカナイには、現世と

シロマタ

他界の分裂や対立は見いだせず、両方の世界の間にある信頼のきずなは失われていない。ニライカナイの神には、他界から現世に向けたまなざし、慈愛に満ちた庇護の感覚がある。ここに、記紀以前、太古の日本人の常世観を見ることができるだろう。

先に触れた八重山のアカマタ・クロマタは、ニールピツ、すなわち「ニライカナイからの人」とも呼ばれている。宮良當壯の『八重山語彙』甲篇によれば、ニールピツは、根の国に住む、ニーラシイクと呼ばれる荒ぶる神である。その根の国は、洞窟を降りて行った地底にあり、そこから出現して村人に祝福を与えるのが、アカマタ・クロマタである。

南島でも、それぞれの島によって、ニライカナイの観念には違いがみられる。八重山では、外来神の伝承が息づいているのが特徴である。中程正吉は、ニライカナイは、八重山群島では豊作をもたらす神々の住む国だが、宮古諸島の多良間島では死人の島であると指摘している。あるいは、久高島の漁師は、陸地の見えなくなった沖合いをニライカナイと呼ぶ。また池間島の漁師にとっては、急に海の深いところに行き合った地点であるという。

旧暦三月三日の大潮の日は、南島では、ニライカナイから寄せてくる常世波を身に受けて若返るのを目指す、ハマオリの行事が行われる。潮が最大限に引いたところに現れる海中の州で、手足を潮水につけ、貝や小魚を拾う行事は、今では潮干狩りのように思われ、観光客も訪れる。しかし、そこでは同時に、害虫をニライカナイに送り届ける、アブシバレー(畔払い)、あるいは虫送りとも呼ばれる行事もある。海の彼方

のニライカナイは、善いも悪いもすべてのものがやってきて、また帰っていく原郷であるという信仰が、その根底にある。与那国あたりでは、ネズミやむかでをシャコガイの貝殻に入れて、珊瑚礁の沖に流す。久米島では、ネズミは稲穂を踏み倒すからニライカナイに送り届けてくださいと祈願して、海に流す。人間の営みに害をなすそれらの生き物も、ニライカナイから来たと考えられていることが、このような儀式からわかる。

沖縄本島のニライカナイ、八重山のニーラスクは海の彼方にある神の住まいで、祖先の霊が常住するところという観念は希薄である。しかし、祖霊と神の観念が分離できない時代があったと、私は考える。宮古島でニィリャ、ニッジャと呼ばれるのは、地底にある暗い他界であるからだ。

アブシバレー

青の島とようどれ

宮城真治の『古代の沖縄』によれば、伊計島の虫送りでうたわれる歌に、ネズミは「奥武《おう》の島」に飛び立て、という意味の一節がある。奥武は、青であり、奥武の島は青の島となる。虫送りが、害を及ぼすものをニライカナイに送り届ける行事であることを考えれば、青(奥武)の島はニライカナイを指すということになる。

沖縄本島とその周辺の島々には、奥武と名のつく場所がいくつかある。これらは、古代に死者を葬った、地先の小島だった。外から入りこむ光がぼんやりと照らし出す洞窟に、船で死体を運び、風葬にする。土葬、火葬にせずに、死体を菰でぐるぐる巻きにして、洞窟に投げ入れるだけの埋葬である。

沖縄では、墓をようどれ、あるいはゆうどれという。ゆうどれとは、夕凪のことだ。朝凪はアサドレになる。凪のとろーっとした感じをいう、瀞がドレである。瀞八丁の瀞も、登呂遺跡の登呂も同じ状態を指す。

なぜ墓をようどれというのか。死者は夕凪のような静かな世界で、現世のことを忘れて休憩している。ようどれという言葉は、死者の憩いを表している。ようどれとは、穏やかな薄暮の中に、ひとときのやすらぎを見いだす休息の世界であった。墓は暗黒の世界でもなければ、生前の罪にさいなまれる地獄への通路でもなかった。一時、休息した死者はやがて、再び現世に戻ってくると信じられていた。

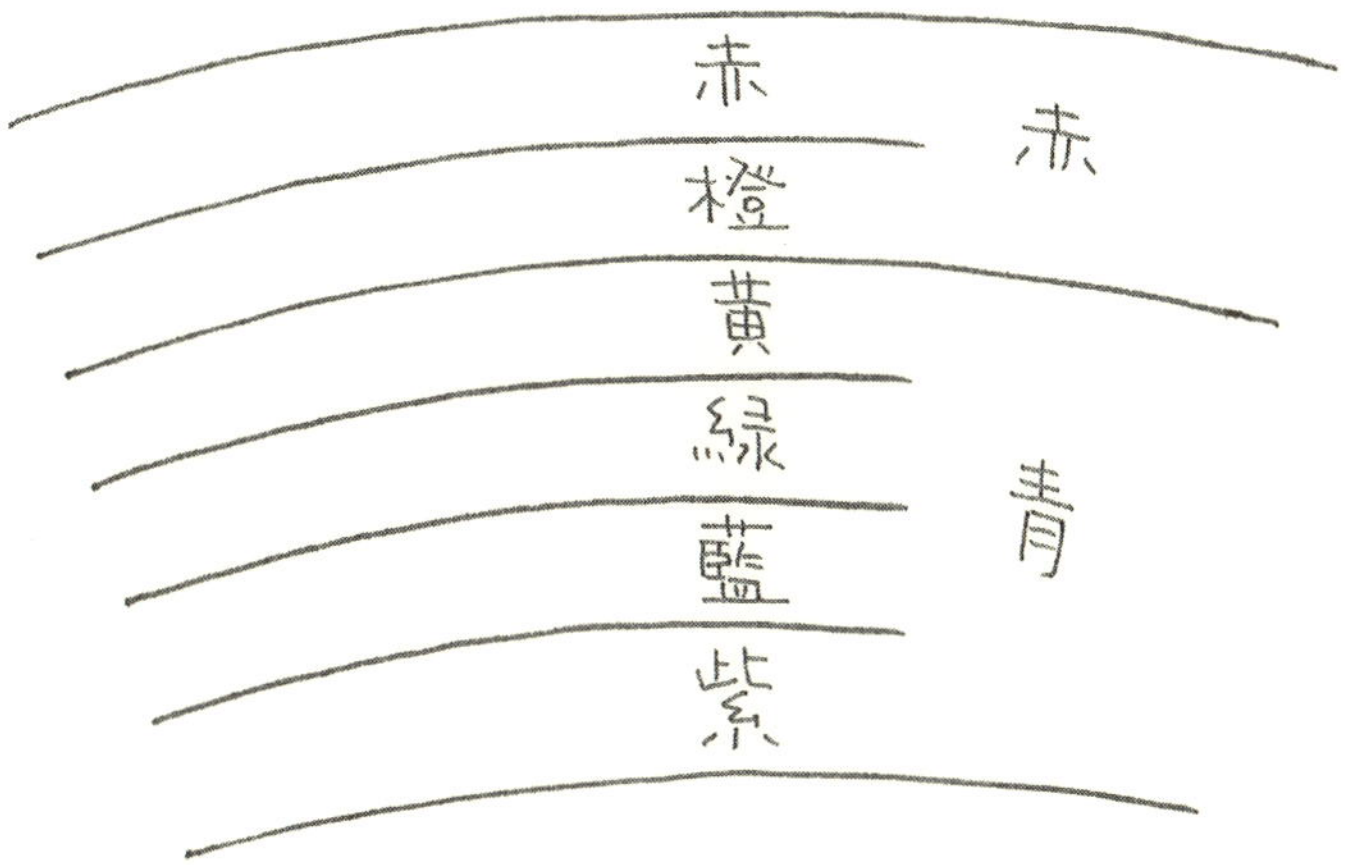

宮古島の島尻では、山の中腹にある自然洞窟がかつての墓だった。洞窟の中に風葬された無数の人骨は苔むしていた。その洞窟からは、岩の裂け目から宮古の人たちに崇拝されてきた大神島が真向かいに見える。かつて、この洞窟が墓だった頃、神の島を望む場所に葬られることが約束されていた生者たちは、やすらかな気持ちでいられたのではないか。

奄美では、瀞をトールといい、墓はトールバカという。ここにも、墓が穏やかな場所であるという感じがある。

なぜ死者を葬る場所が「青」なのかという疑問もわくだろう。これは、色に関する呼称が関係している。古代の日本には色の呼称が青、赤、黒と白の、四つしかなかった。夜が明けて明るくなると赤、日が沈んで暗くなると黒、夜が白む、ものごとがはっきりするのは白。虹の色は七色あるが、赤から橙までは赤、黄色・緑と藍・紫までを青と呼んだ。赤紫は赤、青みの強い紫は青だった。『万葉集』でも色の呼称は同様に四つだという説がある。

沖縄では戦前まで、色の呼称は古代のように四つだったという。おばあさんが「青い手拭いをとってくれ」というので見ると、黄色い手拭いしかなかったという話を聞いた。

死体を葬った洞窟に、光が入り、全体に黄色い死者の世界になる。死者は、そこで一時的に休憩している。その世界を包んでいるのが「青」の世界だというのが、沖縄の学者・仲松弥秀の説である。

青の島に死者を葬っていたのは、生者と死者の距離が近かった時代のことである。生活の領域が狭かった時代ほど、現世と他界が接近していたとしても不思議ではない。やがて、死者を地先の島にある洞窟に風葬にする習慣がすたれ、他界観念が進展するとともに、祖霊の国は海の彼方へ美化された。これが後代に拡大してニライカナイとなったと考えられる。

南島の青から、日本列島の各所にある青のつく地名をたどってみると、そここに南島との相似がみられた。丹後半島の伊根町の青島は、地元の老婆に聞いたところによれば、海難にあって溺死した者、幼児のうちに死んだ者を葬る場所であったという。また鳥取市の西にある湖山池にうかぶ青島は、縄文、弥生、古墳期にわたる遺物を出土している。この青島がかつては水葬の地であったことを暗示する習慣が、江戸時代まで続いていたという。対馬の西海岸にある青海《おうみ》という集落では、埋め墓は波打ち際にあり、詣り墓、供養する石塔は、すぐそばのお寺にある。したがって、死体そのものは波にさらわれていくのに任せるのである。

このほか、死者が海崖の洞窟や砂浜に葬られていた例も少なくない。『出雲国風土記』に「黄泉の穴」と記されている島根県の猪目《いのめ》洞穴の奥からは、古い人骨が十数体出土している。

循環する世界

沖縄では誕生をシラと呼ぶ。産室はシラヤ、産室で焚く火はシラビと呼ばれている。ようどれで休息する死者の世界が青であれば、誕生は白で表される。それに従って言うなら、南島は、青から白へ、白から青へと循環する世界であった。このような考え方に、日本古代の死生観をうかがうことができる。

宇宙は卵、あるいはひょうたんのようなものであり、誕生は他界からのよみがえりであるという古代人の宇宙観、世界観では、現世から他界への移行が容易ではないのと同様に、他界から現世へ戻ることも簡単ではなかった。

現在でも、そのような考え方が受け継がれている例がある。奄美大島では、誕生から一年たった子どもを「ユノリがあった」という。「ユノリ」とは世直りで、他界から現世に直ることを意味する。九州から南島にかけて、「直る」という言葉は、移ることを意味する。したがって、誕生から一年間を経るまでは、この世への再生が確認されていないと考えられていたことを示す。

このような考えから、奄美では、小さなカニを赤ん坊の額にはわせる。カニは甲羅を脱いで再生することから、赤ん坊に再生をうながす行事なのである。また小さなカニを入れたスープを飲ませるといったこともする。

本当に生まれがえるためには、子どもを邪神から守らなければならなかった。南島には、子どもが生

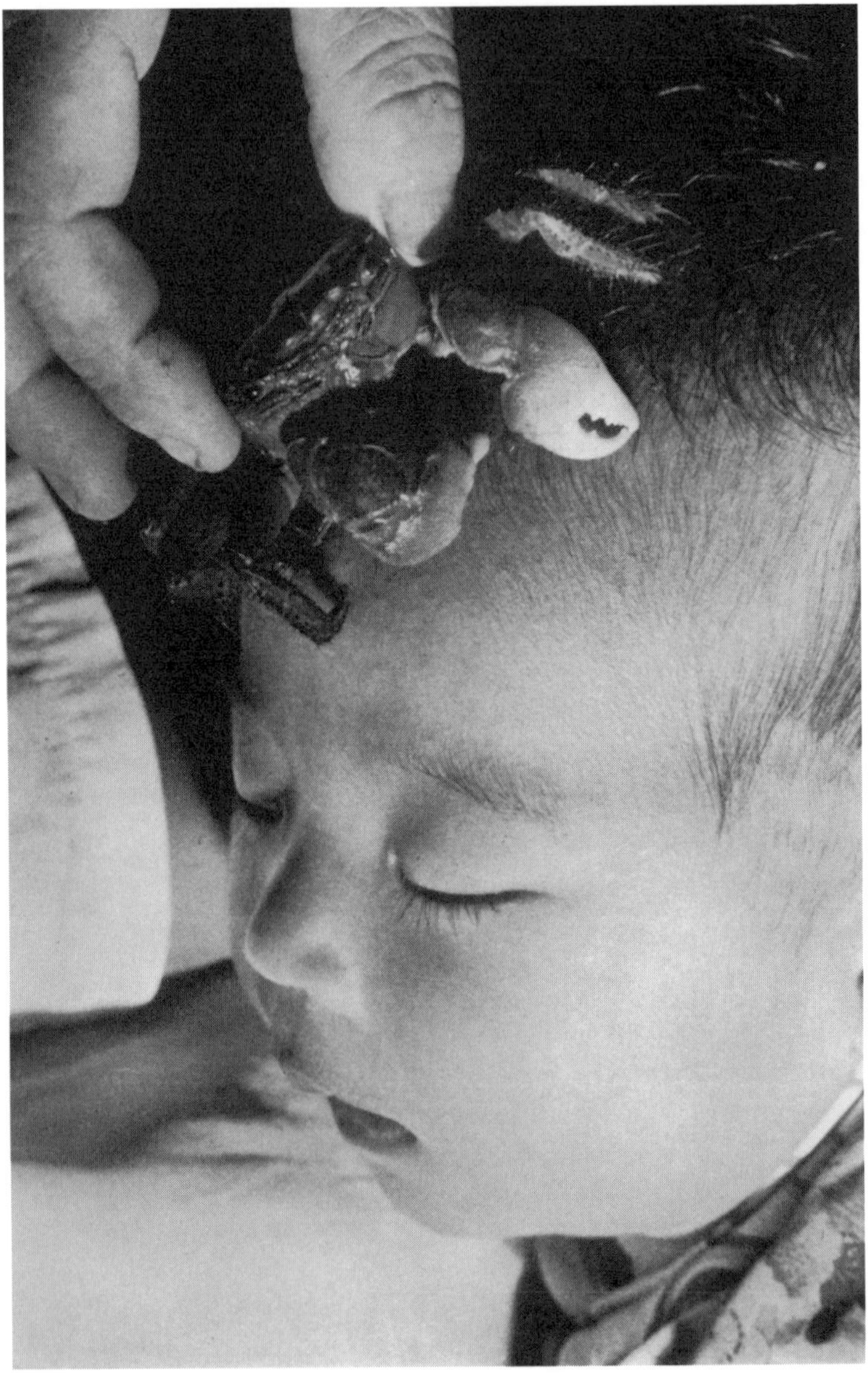

まれたら「子どもを探しあてた」と言い、男の子が生まれると「大女が生まれた」と言って邪神をあざむくというような風習が広くみられる。きれいな子どもを連れて外へ出るときは、わざわざ汚い服を着せるといったことも行われた。あるいは、子どもに犬の子、豚の子のような動物の名前をつける。これは朝鮮でも行われている習俗で、同じように邪神の関心を引かないようにわざと悪いイメージの名前をつける例はインドでもみられるという。特に子どもが少ない家、病気で子どもが死んでしまった家などで、こうした命名がされる。

蝶を死者の霊魂とみなす奄美大島では、七歳の子どもに三角形の布地をつぎはぎして着物をつくり、それを与える。この三角形は、亡くなった祖父母や曾祖父母などの魂をかたどる蝶を表している。祖霊によって、子どもを守る習わしである。

常世びと

古代人は長命を保って自然死することを、もっとも理想としていた。先に他界の概念として、長寿不老の世界として常世《とこよ》について述べた。長生きした人は、死後にすぐ神になると信じられただけでなく、人間の域を脱した存在として、生きながらに常世びととあがめられた。『日本書紀』の顕宗天皇の条にある「新室の宴の歌」の最後に「わが常世等《とこよたち》」という言葉がある。これを折口信夫は、現世にあっても常世びととみなされた老人たちであると解釈している。

長寿の人々を常世びととみなしていたと思われる実例が、宮古島に明治の初めまで残っていた。元旦の朝早くに女や子どもたちが長寿の老人を訪ねて挨拶し、礼拝する習慣があったという。これを「年頭《にんつう》拝み」といった。老人は挨拶に来た者たちに、盆にのせた塩をひとつまみずつ口に入れてやって、祝福した。

また九州の各地には、正月に家々に塩を届ける、あるいは売り歩く風習があった。塩はめでたいもので、清めに使うものであることから、最初は長老が家に坐って祝福の塩を与えていたと考えることができる。時代が下がるとともに、常世と現世の距離が遠くなり、生きている人を常世びととみなすことがなくなる。九州に残された風習は、そうした時代のものであり、鹿児島では塩たきの海村の人々がその役割を担い、あるいは阿蘇山中の村では若者や子どもが若塩売りと呼ばれて村をめぐった。

常世びとは、古代人にとっては生と死の境界が、現在のように明確ではなかったことを示している。このために、生から死への移行も単純には考えられていなかった。『魏志倭人伝』は、死んだ後に十余日にわたり死者の蘇生を期待して「歌舞飲酒す」る様子を記している。『古事記』には、天若日子《あめのわかひこ》が死んだとき、喪屋をつくって八日八夜のあいだ歌舞して弔ったとある。

生き返る見込みのなくなった死者の魂は、邪霊に妨げられることなく、他界に運ばれて穏やかな休息に入ることが大事であった。宮古島では、死者を蚊帳の中に入れ、肉親がその蚊帳に入って、女たちは泣き叫びながら夜を過ごした。この場合の蚊帳は、喪屋にあたるものと見てよい。

また死者が生者に対する愛着や執着を持っていると、その霊が無事に他界に落ち着くことができない。宮古島では、カンピトバカーズ(神と人との別れ)と呼ぶ儀式があり、死者の子孫が死者に「今日からはカミになって祀られてください」とお別れをする。この日から、死者の霊は祖霊としての資格を持つことになる。隠岐島では、かつては葬祭神楽を行ったという。

不慮の死

長命で自然死を理想とする古代社会では、若くして命を落とした者、怪我や自殺、海難事故などで不慮の死を遂げた者は、もっとも忌むべき死者として冷ややかに扱われた。そのような死者は迷える霊となって、現世の人たちに悪さをすると考えられた。山で足をすべらして谷に落ちる、あるいは海で溺死したというような非業の死者をミサキと呼ぶ習わしは、日本の各地にある。そうした魂が現世の人にとりついて悩ますようなことのないように、供え物をしたり、祀ったりすることから、山や川、海のほとりに小さな祠が設けられているのがみられる。

事故死を沖縄では、ギガズンという。ギガズンの死者は墓に入れてもらえない。不完全な生で死んだ者は、不完全さゆえ、自分が満足していないから、祟りになると考えられた。海で溺れたり、船の事故、若くしての病死に対しては、生を全うしない、完全な生ではない、欠けているものとして批難する。池間島では、幼児が死ぬと海岸に埋めて、悪魔と呼び、切り刻むといった苛烈な行為によって、生き返らないためのまじないとした。沖縄本島では、火傷で死んだ老婆が、穴を掘って逆さまに埋められた例もあった。若死にした者に厳しく対処する方法には、宮古島で行われていたような、どうしてお前は早く死んだのか、どんな罪があったのかと、詰問し、なじるといった行為もある。そこには、死者に対する生きている側の無念の思いも込められている。いずれも、不慮の死に際しては、生き返って生者に祟りをしないように鎮魂の儀式が必要だったのである。

『万葉集』の挽歌の中には、事故死、不慮の死を遂げた人々を弔う歌がたいへん多くみられる。刑死、自殺、行路病死、変死、若くして病死した者への挽歌には、「なにしかも」「なにすとか」「いかさまに思ほしめせか」などの常套句が多用されている。これらの常套句は、どうして死んでしまったのかという、死者に対する憤りを込めた抗議の言葉である。

三……なぎさの風景

なぎさ

古代人にとっての世界は、他界があって、現世がある。両者は相似形をなすものと考えられていた。一冊の本にたとえれば、右のページは現世、左のページは他界であり、その境目、中心線にあたるのが、波が寄せてくる場所、なぎさであると私は考えている。波は海の波であり、また常世の波である。なぎさに墓をつくり、死者を埋めると、波が来てそれをさらっていく。波のなすままにしておく。

対馬の青海《おうみ》では、なぎさに埋め墓があり、死体が波にさらわれていくのに任せると述べた。なぜそのようにするのか。古代人は、すべて善いもの、悪いものは本つ国である他界から現世にもたらされたと考えていた。なぎさに死体を葬り、波がさらうに任せる水葬は、本つ国からやってきた魂をまた本つ国へ返すことを意味する。かつて、海上で土左衛門に出会った漁民は今日は大漁になると喜んだというのも、水葬にされた死体であり、常世の神からの使いと考えて、大事にしたからである。

また、なぎさには産屋も建てる。なぜならば、他界＝常世にいったん身を置いた先祖が、この世に再び生まれがえると信じられ、誕生はすなわち再生であるからだ。他界から一番近いなぎさが、再生にふさわしい場所なのであった。他界と現世の接点、境界であるからこそ、なぎさには墓地も産屋もある。

現世になぎさがあるのと同様に、常世にもなぎさがある。『日本書紀』はトヨタマヒメが海神宮へ逃げ帰った後の消息を伝えるなかに、海の底の他界にもきよらかな波打ち際がある、という意味の記述が

ある。また『丹後国風土記』逸文にある、浦島の子が海神の娘に贈った歌にも、常世の波の音を聞いた、と記されている。

現世のなぎさは海と陸の境目だが、潮の満ち引きによってその境界である汀線は動く。大潮の日の満潮時の汀線から上が陸であって、ふだんは陸のように見えても、大潮の満潮時に波に洗われる場所は、陸ではない。しかし、大潮の干潮時の汀線より陸地側は、海でもない。陸でもなく、海でもない、なぎさで現世と他界＝常世は接しているのである。

産屋

記紀には、トヨタマヒメが子どもを産むために、海辺に産屋（産小屋）を建てたとある。トヨタマヒメは海神の娘である。兄の釣り針を捜すために海神のいる「わだつみの宮」を訪れたヒコホホデミの妻と

なり、その子を宿した。地上に帰るヒコホホデミに、トヨタマヒメは子どもを産むときには地上を訪れるので、海辺に産屋をつくってほしいと言った。トヨタマヒメは本つ国である海神の国から現世にやってきて、子どもを産んだのである。

敦賀市の西にある立石半島は、交通の便が悪く船の往来に頼る暮らしが戦後まであったことから、産屋の習慣が長く残った地域である。ここでは波打ち際から十数メートルの場所に産屋が建てられていた。

産屋の内部は、砂の上に藁シベを積み重ね、さらにゴザやムシロを敷いて、そこに布団をのせた。一般の家のような床はつくらない。産婦は布団にもたれながら、天井から垂れ下がる力綱をにぎって、坐った姿勢、つまり力士の蹲踞と同じような姿勢で子どもを産むのがふつうであった。

立石半島の産屋の場合、男は、夫といえども入ることも、中を見ることも許されなかった。このことは、産屋にいるトヨタマヒメを夫のヒコホホデミがのぞき見て、これに怒ったトヨタマヒメがわだつみ(海神)の国へ帰ってしまったことを思い起こさせる。

また『古事記』には、コノハナノサクヤヒメが戸のない建物に入り、内側を土で塗り塞いで火を放って子どもを産んだという記述がある。『日本書紀』では、この産屋を「無戸室《うつむろ》」、つまり出入り口のない部屋と記している。ここで生まれた子どもの一人がヒコホホデミだ。

死から生への移行にあたっては、外側からうかがい知ることのできない、いわば繭ごもりを必要とした。それは幼虫が成虫になるときに、さなぎの形で繭にこもるのと同じ意味がある。生まれがえるためには、密閉されて中空の器にこもる、その完全な形の器、再生の容器として卵やひょうたんが考えられたのだろう。

産屋入口

産屋外景

産屋内の力綱

産屋の炊事用具

福井県立石半島の産屋も、海に向かって小さな窓が開いているきりで、あとは密閉されていた。常宮《じょうぐう》という集落では、産婦が散歩できるのは、他人の目にさらされることのないわずかな砂浜に限られており、また産屋から出て太陽の光に当たることはかたくいましめられていた。子どもが生まれると、どんなに寒い日でも、ぼろ布などで新生児を包んで少しでも海に浸けたという。この習俗は、常世の波を受けさせて、生まれた子どもを祝福する儀式だと思われる。

産婦は出産後二十日くらいの間、産屋で赤子と一緒に暮らし、食事は家族や近所の女性たちに運んでもらう。この期間は、母子水いらずで、姑とも離れ、心身をやすめる保養期間にもなっていた。

立石半島の沓という集落では、大正時代まで、産後四十日を経た産婦は、産屋を出て家に帰る前に必ず腰巻き一枚になって、なぎさで波をかぶったという。このような行為も、もとは常世の波を身に受ける行為であったと思われる。

常宮などに残されていた産屋は、集落が共同で使ったものだが、同じ立石半島の丹生《にゅう》という集落では、それぞれの家で出産のたびに一坪ほどの小屋を庭先につくったという。屋根も壁も藁でつくり、三十日前後の産屋暮らしが終わると、火をかけて焼き、壊して海に流したという。この例は、コノハナノサクヤヒメが産屋に火をかけて出産をしたという記紀の記述を思い起こさせる。

うぶすな

立石半島の常宮では、一九六〇年代まで産屋が使われていた。ここの老人から、産屋に敷く砂を「うぶすな」と呼ぶと教えられた。

柳田國男は一九四三(昭和十八)年に書いた「月曜通信」で、うぶすなという言葉が何を指しているのか、明確に答えられないと述べている。うぶすなは民俗学にとっての謎の一つであり、郷土神、地域神といったことで説明されることが多かった。

この常宮の老人の一言から、私は初めてうぶすなの実体は、産屋の地面の上に最初に敷く砂であるという答えを出すことができたのである。

常宮や、前記の沓という集落では、海岸の波打ち際にある砂をザルに入れて、これを常宮神社とその奥の院の拝殿の前に置き、賽銭がわりにする習慣がある。常宮神社には、五月に「砂持ち行事」といって、境内に砂を敷く行事もある。日本列島の各地で海岸に神社があるが、砂を神前に捧げる風習はあまり例がないこと、常宮神社が安産の神として広く知られていることから、ここでは砂が特別の意味を持っていたと思われる。それは、産屋の砂と無縁ではないであろう。

出産の場所が、特につくられた産屋から母屋の土間、あるいは一部の部屋に移っても、産屋の砂を重視する習慣はさまざまな形で残った。畳があり、床板がある部屋を産室に使う場合は、それらをわざわざはがして、土間の上に灰をまく、あるいは藁を敷くといった風習が各地に見られた。これらは、うぶすなの名残である。

京都府天田郡三和町（現・福知山市三和町）の大原という集落では、産屋が保存され、残っているのを見ることができる。一坪半の小さな産屋は、藁屋根が地面まで垂れ下がっていた。それは、藁葺き家屋の屋根の部分だけを地面にのせたような形である。ここで私は、一九七一（昭和四十六）年に一〇〇歳近い老女から、明治末までは茅葺きの産屋をつくって、お産のたびに建て替えたという話を聞いた。この場合も小屋の中は、地面に砂を敷いた上に藁を敷き、床は張らなかった。山間部であることから、砂は川砂を使っていた。床を張ったら難産になり、床をとったら安産だといわれたそうだ。この産屋の砂は、安産のお守りとして、氏子に配られる。

うぶ神とうぶすなの神

他界からの生まれがえりにあたっては、再生の器を必要とし、また邪神の介入を避けるために、わざと動物や汚物を名前につけるといった工夫がこらされたことを述べた。邪神に対して、生まれたばかりの子どもを守る、うぶ神がいた。赤ん坊が一人で寝ているとき、にこっと笑う、あるいはむにゃむにゃとしゃべっていることがある。土佐ではそのような情景を、うぶ神があやしているという。

箒神をうぶ神と呼んで、産屋の隅に箒を立てて安産のまじないとするところが多くあった。箒神が出産に立ち会うという伝承は各地にみられる。有賀恭一の報告によれば、長野県の諏訪湖畔では産屋の壁に藁を一束立てかけ、うぶ神がこの藁の束に腰掛けて、出産の儀を司ると言い伝えられているという。また産屋に飾った藁の束をうぶ神様として祀り、供え物をする。産婦が早稲の束を積み重ねたものにもたれかかって出産する習慣は、日本列島の各地にみることができる。韓国の慶尚南道のある地域でも、藁束を産室の隅に立てかけておくところがあり、うぶ神に相当する神をサンシンという。

出産を見守るうぶ神は、一人ひとりの守護神としての役割を果たし、その子の魂の守り神である。この場合は、土地に結びついた神ではない。

うぶ神に対し、うぶすなの神は、産屋の砂を神格化したものである。うぶすなは、うぶ神によって聖別された砂、あるいはうぶの呪力のついた砂をいうが、あくまでも誕生した産屋の砂に限られる。産土、生土、本居という字があてられてきたが、これは産屋の砂が人間出生の原点であることを示しているとみてよい。

うぶすなの神は、氏神とも、地縁の神とも性格の違うものだ。氏神は元来、一族の神であり、血縁の者同士の神であった。現在では、血縁か否かに関わりなく、同じ神社の氏子となって、氏神様と呼ぶが、これは厳密な意味での氏神ではない。血縁をたてまえとした氏神は、いくつもの統合を経て地域神となり、土地の共同神となる。

地縁の神は、生まれた集落や地域を共有する者の神である。

これに対して、うぶすなの神を共有するということは、同じ産屋から生まれた者をいう。この場合、血縁の者であるとは限らない。また血を分けた子どもであっても、生まれた場所が違えば、うぶすなの神を共有することにはならない。血と土が交錯する産屋で生まれた者たちを見守り続けるのが、うぶすなの神である。

寄り物とあゆの風

なぎさは現世と他界の境界であると同時に、時間の変化をもっとも微妙、かつ鋭敏に反映する場所である。潮の満ち干、夜と昼の交替、四季のうつろい、渡り鳥たちの去来を、なぎさは鑑のように映し出す。

そのなぎさには、海の彼方からさまざまなものがもたらされた。波に打ち寄せられる玉石(丸石)は、海の神の依り石として祀られた。房総の海岸にある玉前《たまさき》神社は、依り石を祀っている。

黒潮に乗ってはるか南から流れ着く椰子の実も、海がもたらす寄り物の一つだ。対馬では、海沿いの集落で、椰子の実で作った容器を持たない所はないと聞いた。石井忠は、福岡県宗像郡の津屋崎では、浜で拾った椰子の実を乾燥させ、湯のみをつくって使うと長生きするという習俗があったことを報告している。私は沖縄の池間島で、流れ着いた椰子の実に錐で穴をあけ、粉末状になった果皮と果実を薬のように飲んだという、老人の話を聞いた。こうした例は、波に運ばれてきた椰子の実に対して、ふつうの植物とは違う神聖な思いを抱いていた人々がいたことを示す。

海岸に打ち上げられる流木、寄り木も神として大切にされた。その根底には、流木は竜宮、あるいはニライカナイの贈り物であるとする考えがある。こうしたことから、日本各地に寄り木を祀る寄木神社がある。

そのような信仰の一方で、十三世紀前半には「大船廻法」で、寄り船、流れ船は流れ着いた所の神社仏閣の修理に用いることが定められていた。漂着物が多い福岡県北部の海岸では、宗像神社の本社や末社の建物を修理する木材には、遠賀川河口の芦屋から新宮湊までの海岸に漂着した船の船材をあてたという。宗像神社の場合も、そのような一般的な慣行を土台としている。

流木は、特に木材の乏しい島の暮らしにとっては、家を建てるのに不可欠なものであった。トカラ列島の小宝島では、一五軒あった家も、学校も、すべて

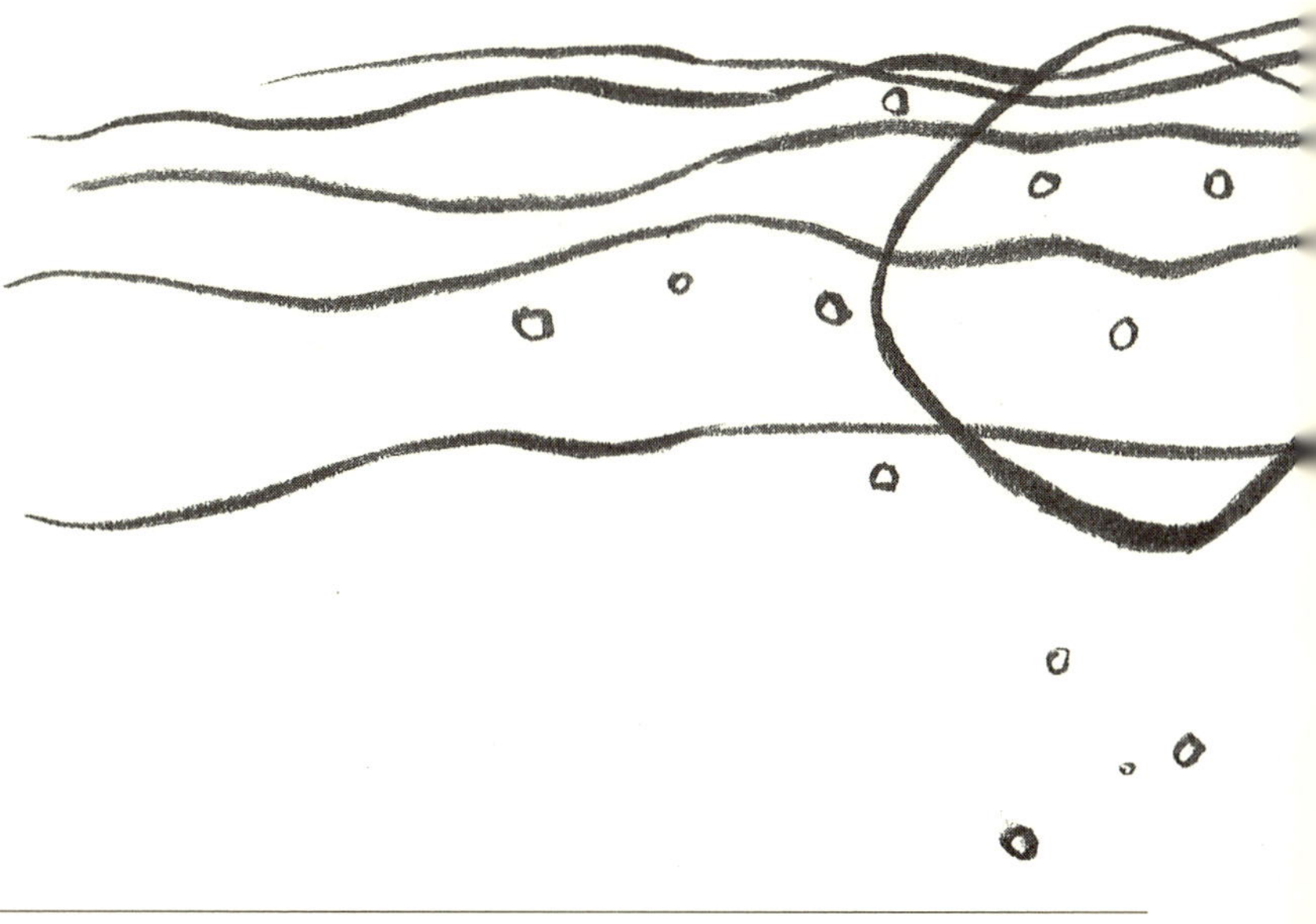

寄り木で建てられたことがあるという。

浜辺には海藻も流れ着く。これもまた、島で暮らす人々にとっては大切な資源で、ときには食料とし、またときには肥料として生活の資となった。対馬では海岸に打ち上げられた寄り藻を勝手に採ることは許されず、海岸のどの部分の寄り藻はどこの家の所有になるか決められていた。

寄り藻のホンダワラやワカメを神饌とする神社もある。

このような寄り物を吹き寄せる風を「あゆの風」あるいは「あいの風」という。『万葉集』巻十七には、越中守であった大伴家持の「東風《あゆのかぜ》いたく吹くらし奈呉《なご》の海人《あま》の釣する小舟漕ぎ隠る見ゆ」という歌があり、「越の俗語、東風をあゆのかぜといへり」という注がある。このことから、日本海沿岸では古くから東風をあゆの風と呼んだことがわかる。

これに対して『万葉集』巻七には、「年魚市潟《あゆちがた》潮干《しおひ》にけらし知多の浦に朝漕ぐ船も沖に寄る見ゆ」と

いう歌がある。年魚市潟は名古屋港に近い熱田区や南区あたりとされていることから、太平洋側では、あゆは南から吹く風を指している。熱田神宮の熱田という名も、あゆの風に関係があると考えられる。

このように、あい、あるいは、あゆの風は、日本海沿岸では東風または北東の風を指し、太平洋岸では南から吹きつける風であった。

柳田國男は『風位考』で、あゆの風は、海上から陸地に向かってまともに吹く風であると述べている。あいは、あゆの古語に由来し、木の実が落ちたり、汗が滴り落ちる様をいう。私の郷里の熊本では、それをあえると言い、汗があえる、血があえる、というように使っていた。また果物があえるといえば、熟して落ちることを示すのである。

あいはあえ(饗)の意味も含む。あえもの(饗物)は、神に供える物であり、神人共食をいう。あゆの風が運んでくる寄り物は、海の神の饗物であり、もてなしでもあった。

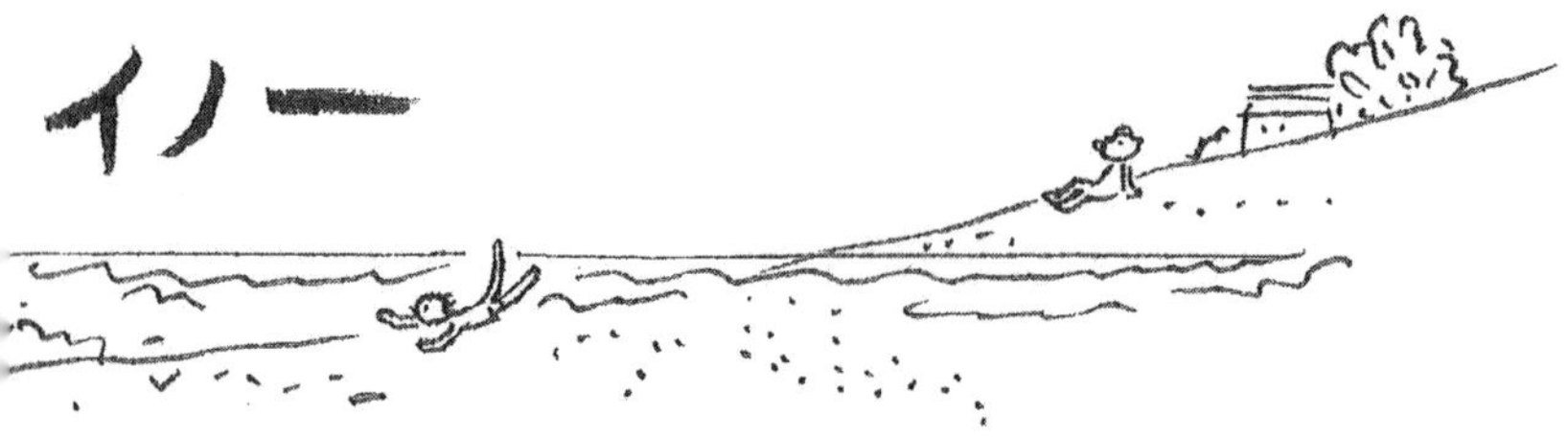

スク

南島では、流木や海藻のほかに、季節をたがえずにやってくる寄り物がある。スクと呼ばれる小魚だ。旧暦の五、六、七、八月のいずれも朔《ついたち》前後の大潮のときに限って、到来するのである。

スクはアイゴの稚魚であるという。珊瑚礁の暗礁（リーフ）を越えて、礁湖（イノー）の中に入ってきて、イノーの海底に生える藻を食べて成長する。イノーの藻を食べたスクは真っ赤になり、臭くて食べられないので、イノーの入り口近くに網を張って捕るのである。

スクがやってくる頃の海は荒れ模様が続き、「スク荒れ」といわれる。スクの寄ってくる日は、集落の人々が組をつくり、夜が明ける前から網を張る。そこへ、スクの大群が、夜明けの太陽に体を銀色にきらめかせながらやってくる。スクは南島の人々にとって、重要な食料であった。捕れたスクの大半は塩漬けにして保存する。沖縄の郷土料理で豆腐の上にのっているのが、スクの塩辛、スクガラスである。昔は各家でスクガラスを漬け、これを農村に持っていって、芋や豆などと交換していた。

古代琉球の暮らしは、スクの寄ってくるイノーを頼りにしていたといっても差し支えないであろう。
　奄美や沖縄の人々にとって、スクは海の神の贈り物と考えられた。徳之島では、毎年スクを捕り始める儀式を、ノロが魚垣で行っていたという。またスクの到来は、稲刈りの時期と重なる。ニライカナイの神からスクが届けられるのは、まことに興味深いことだと、徳之島の松山光秀は述べている。沖縄の島々にも、スク漁と夏の祭祀のつながりがみられる。

タマス

神の贈り物であるスクは、豊漁の場合は村中に平等に分配した。かつては赤ん坊も、旅人も、その恩恵に与ったという。

私は南九州の水俣という漁村に生まれたが、幼いとき、海浜で地曳網をしている漁師たちのところへ弁当箱のような器を持っていくと、箱一杯の雑魚を分けてくれた。私は故郷の海岸で、海の神の贈り物を分けてもらい、平等の観念をあじわった。

以前は、漁村で漁をするときは、共同体全体が獲物を分け与えられた。その与えられる分量をタマスと呼んだ。各自めいめい、一人分のヒトタマスを分け前としてもらうのである。作業に加わった人だけでなく、漁に出なかった人も、行きずりの人にも見ダマスが与えられた。

漁労だけでなく、狩猟でも分け前をタマスと呼ぶ地域が、南九州から奄美、沖縄など南島に広がっている。九州の椎葉の山中で聞いたイノシシ猟の場合は、とどめを刺した者には打ちダマスといって前足が与えられる。残りの肉は、仕留めた者も含む全員で平等に分けるのだが、人間だけでなく猟犬一頭ずつも一人前のタマスを受けるのである。

このような、そばに居合わせた者に獲物を分配するしきたりは、古代にさかのぼるにつれて、より厳密なものになっていく。獲物はまず、海の漁ならば海の神に、狩猟ならば山の神に捧げられた。その後で、みなに平等に分配していく。平等の原則が働くということは、漁村でも山村でも生活が共同作業によって成り立っていたことを示す。この共同作業をユイ(結)という。鎌倉の由比ガ浜のユイは、かつてそこに、海を相手にした共同作業があったことを示している。

タマスは賜フに由来するという柳田國男は、また霊魂のタマとも根本は一つであると「食物と心臓」で述べている。タマスは神の賜物を意味するということになる。共同作業が生活の場であった人々は、自分たちが一つの神につながっているという観念も共有していた。共同作業から得られた神の賜物であればこそ、その贈与を分配するにあたり、真の平等が成り立つのである。

四……日本の神

アニミズムの時代

先史、古代の人々は万象、万物はアニマ(霊魂)を持っていると考えた。そうした人々は、火も水も土も風も、人間と同じように生きていて、喜怒哀楽の感情を備えていると考えた。

森羅万象にアニマが宿るというアニミズムの考えは、日本列島に限らず、自然とともに暮らしてきた人々の間に広くあっただけでなく、近代の波が押し寄せるまで、綿々と受け継がれてきた。

その端的な例を示すのが、シベリアの森林地帯を舞台にしたアルセニエフの『ウスリー探検記』である。その主人公として登場するのは、ツングース族の猟師デルスウ・ザーラである。彼は一度も家を持ったことがなく、常に野外で生活し、冬の間だけ樹皮でつくった仮のパオで暮らしていた。そのパオで、アルセニエフはデルスウが火にかけっぱなしになって音をたてていた鉄瓶に「何を喚くんだ! 悪人め!」と叫び、湯をあけてしまうのを見る。デルスウは、悪人とは、喚くことも、泣くことも、歌うこともできる、お湯のことだという。だますし、怒るし、あちこちを放浪する猪も、人間と同じだとする彼は、ときに静かに流れ、ときに洪水を起こす水に「活きた力」を認め、絶えず音をたてたり色を変え、炎をゆらめかすたき火を「人」だという。ここには、万物が善意あるいは悪意をもって人間をとりかこんでおり、アニマは自在に浮遊していると信じられていた世界がある。

折口信夫は『民俗史観における他界観念』で「霊魂そのものには、それ程はっきりと思慮記憶がある

風
火
土
水

ものとは、古人も思わず、霊魂を自由な状態において考えた」と述べている。

『日本書紀』には、岩石も植物もよく物言い、夜は炎のようにざわめき、昼はウンカのようにわきあがる、という一節がある。これは、天孫が降臨する前の葦原の中つ国について描かれた部分である。さらに『日本書紀』は、草木ことごとく物言う時代に輝く神、またウンカのごとくわきたつ神は、皇孫にそむく邪神であるとしている。

このように描かれたアニマの世界にもっとも近いのが、アイヌの世界である。

アイヌはすべてのものに霊魂を認めていた。日常生活の中心にある炉の火は、ハルニレの女神が天上からもたらしたと考えられ、「アペ・フチ」(火の婆様)とか「カムイ・フチ」(婆様神)と呼んだ。炉の火は、人間と神の間を仲介する役目があるとみなされ、もっとも大切に扱われた。霊魂を持つのは火だけではない。炉の自在鉤も、そこにかけられた鍋も、鍋の中

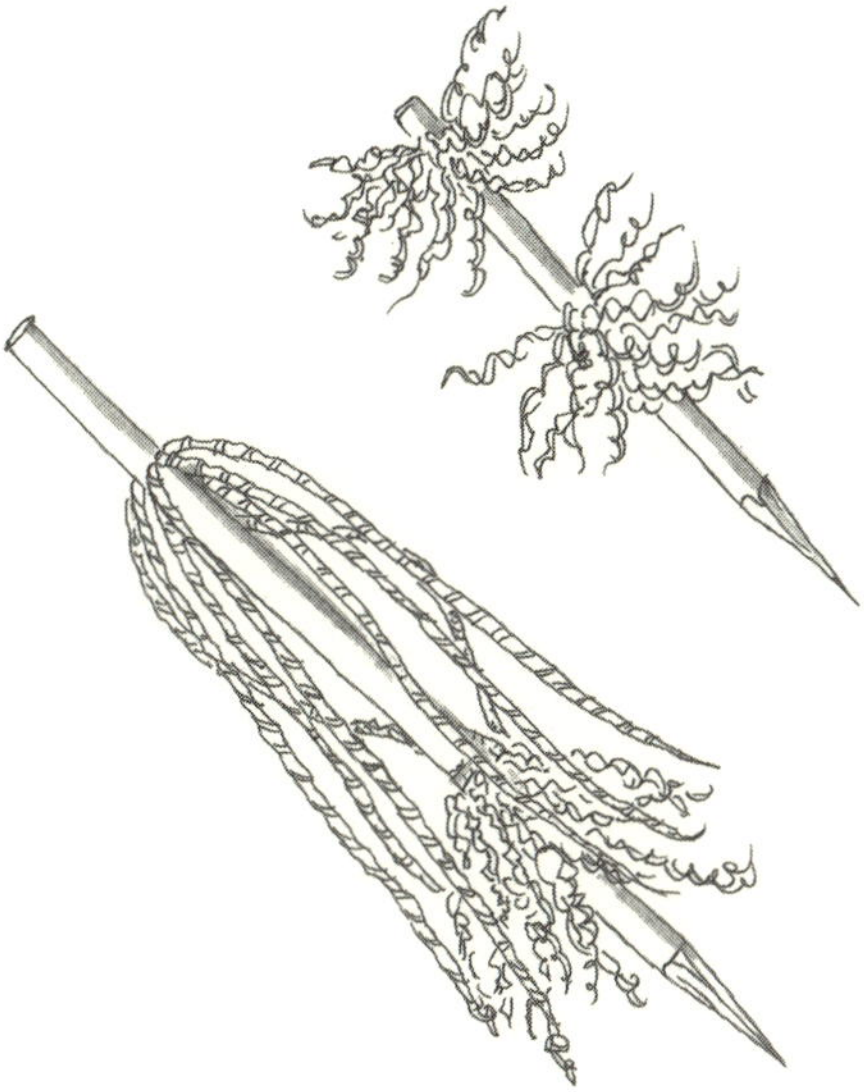

の杓子も、火の婆様の配下の神とみなされた。
アイヌの人々は、漁に出るときは、炉の中に火の神の木幣《イナウ》をたてて、漁の無事を祈り、神棚にも祈る。浜に出ると、波打ち際の神、波の上にいる神、湾内の神、外海の神に向かって、無事に船出できるように祈る。これが終わると、シャチ神に海の幸を授けたまえと祈る。さらに船の帆柱など郭部分にいる神々に祈りを捧げ、すべてを済ませたところでようやく船を出すのである。目に見えるものだけでなく、風にも、人間と同様の振る舞いがあると考えていた。
アイヌのユーカラと呼ばれる神謡には、クマ、オオカミ、シャチ、エゾフクロウ、ヘビなどのほかにも、カワウソ、カッコウ、沼貝など、生活に関係の深い生き物たちが登場する。神謡で、それらの生き物の神は、自らの体験を語るという形式をとる。つまり、神謡を唱える者が、それらの動物になりきることで、アイヌと動物は一体化するのである。
「イ(物)オマンテ(送る)」は、言葉の意味のとおりに、生活に関わりのあるすべての物の霊を、神の国に送り返す儀式である。単にクマを神の国に送るのではなく、食料にした鳥獣魚介の骨片、羽毛、貝殻なども含まれ、また不用になった食器といった無生物も含まれる。

生物、非生物を問わずアニマを持ち、アニマ同士が親和する世界が、天孫降臨以前の日本列島にはあった。古代日本の人々は、アニマをタマと呼んだ。アニマは物体から脱しやすく、自在に浮遊しては他者あるいは他の物質に付着し、融合すると信じられてきた。そうしたアニマとともに生きる時代は、隙あれば外部から侵害する悪霊を防ぎ、他者を侵害することを狙う一方で、他者と親和する世界でもあった。

かしこきもの

神とは何か。日本の神の源流をたどっていくと、西洋の神にみられる意志を持ち、人格を備えた存在とは遠いものを、神と呼んでいたことがわかってくる。本居宣長はその代表的な著書『古事記伝』で、神とは「かしこきもの」であると述べた。「かしこき」とは、畏怖するに値するものであることを指している。この本居宣長の定義は、日本の神の本質を言い当てた、見事なものといえよう。

『日本書紀』には「かしこきもの」の例として虎、狼、蛇を挙げている。つまり猛獣と毒蛇である。これらは人間に害を与えることができる点で、畏怖すべきものである。その一方で、怜悧であり、賢明な生き物であるから賢きものでもある。「かしこきもの」とは、畏《かしこ》きものであると同時に賢きものであり、この二つの特性を備えているものに限られる。アイヌがカムイと呼んだものも、この観念に通じている。

ネズミは稲を食い荒らして害を与え、またすばしこい動物なので神である。これに対してウサギは人

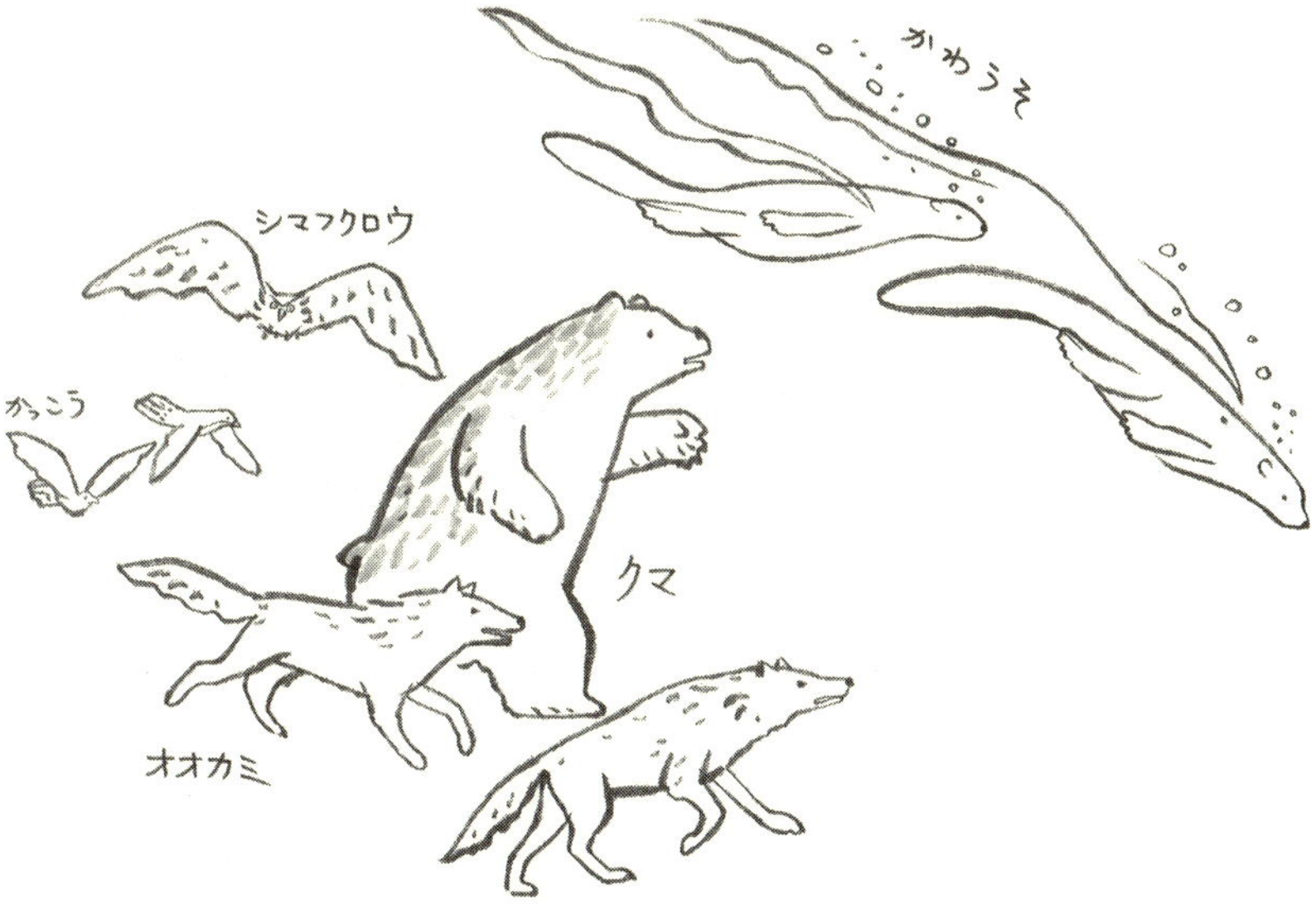

間に害を与えないから神ではない。狼はオオカミ(大神)という名の示すとおり、神であるが、鹿は神ではない。

オオカミは秩父の三峰神社や御岳神社、遠州水窪に近い山住神社で眷属神として祀られている。オオカミと接することの多かった山岳地帯では、オオカミをマガミサマ(真神様)、あるいはオイヌサマと呼ぶ。東北地方では、オオカミをオイヌといい、狼河原(オイヌガワラ)という地名もある。東北ではかつて、夜中にオオカミに会ったら「油断なく鹿を追うてくだされ」と丁寧に挨拶をして通るものだといわれていた。オオカミを身近にしていた人たちは、やたらに人間に危害を加える動物でないことも知っていた。また田畑を荒らす鹿や猪を駆逐する存在でもあった。

本居宣長は、高貴なるもの、善なるものだけでなく、いやしいもの、悪いもの、あやしいものも神とするという。善いと思われるものも、悪い場合もあ

り、その逆もあり、人間の知恵は限りがあって本当の理《ことわり》はわからないのだから、神について人間の善悪の尺度ではかるべきでないとする。外国から入ってきた仏、菩薩、聖人などの観念をあてはめたり、中国流の「鬼神」あるいは「精神」といった神の考え方をとることも否定した。結果的に、宣長は宗教と道徳を混同するという誤りから逃れられたのである。

神は動物だけではなく、植物、鉱物を含めた自然物の「かしこきもの」も神と呼ばれる。海の神はワダツミ、山の神はヤマツミである。雷は鳴る神、神鳴りである。木霊、狐のように人を化かす妖怪や変化の類も神の中に含まれる。風邪も悪霊のもたらす神である。稲の害虫のウンカも神とみなされ、大虫神社はウンカを祀っている。海を荒らしたり被害をもたらすような季節風はタタリの風ともいわれるが、こうした悪意を持った風のようなものも、神に含むことができる。

沖縄では、疱瘡が発生すると、疱瘡神を座敷の上

『椿説弓張月（ちんせつゆみはりづき）』の挿絵に描かれた疱瘡神

疱瘡神の守札

座に据えて、にぎやかに三味線を弾いてもてなす。この場合、疱瘡神に実体があるわけではない。疱瘡神を喜ばせて、お引き取り願おうというのである。琉歌には、疱瘡神をうたったものが、特別に一つのジャンルとしてある。それだけ、疱瘡は身近な病であったということでもある。

神は幽暗な場所にいて、ふだんは人目につかない、姿を見せない存在であった。カミという語の語源はコモル、クマという語と関連しているのではないか。神に捧げる供物をクマシネという。クマという語は、人目から見えにくい場所、たとえば道や川の曲がりくねったところや谷の奥など、こもった場所を表している。紀州の熊野、肥後の球磨川や球磨盆地のクマは、そのような意味を持っているのである。クマシネのシネは稲を指すので、クマが神である。また動物の熊も冬に穴ごもりする。このようなことから、奥まった場所にじっとこもっている霊魂を、カミと呼んだのではないかと考えられている。

山の神

山の神は、山の領域を支配する神である。中国、朝鮮半島では、山の神は虎であった。虎が生息していない日本では、クマとオオカミが山の神とされた。特にオオカミは人里に近づくことがあるので、山の神と恐れられた。南方熊楠によると、紀州の山奥ではオオカミを忌詞《いみことば》で山の神と呼んだという。『山神《やまのがみ》草紙』を見ると、オオカミの姿をした山の神が動物たちをしたがえて上座に坐っている。オオカミという語は、大神に由来するといわれ、万葉時代には「大口の真神」と尊称を奉っている。

遠州水窪（現・浜松市）に近い山住神社はオオカミを眷属神とする神社で、山住様といえばオオカミを指す。同様に秩父の三峰神社もオオカミを眷属神とし、その信仰は奥州衣川まで広がっていた。

またオオカミは一度に多くの子どもを産み、現在は犬がその役目を担う、安産の象徴とされていた。オオカミが仔を産んだと聞いて、産見舞いに好物の塩をもっていく習慣が、各地の山村にあったのも、

山神草紙（狼の姿をした山神が、もろもろの動物をしたがえ宴会をしている。南方熊楠邸保存顕彰会）

その安産にあやかろうとする習俗として生まれたと思われる。

東北や関東では、お産のときに「山の神迎え」をする。山の神によって、難産が避けられるという信仰である。茨城県の旧多賀郡高岡村では、難産のときは家人が鞍を置いた馬を曳いて山の神を迎えに行き、馬が止まると山の神が乗ったものとして、家に帰ったという。

また秋田県や長野県、新潟県では、クマの子宮や小腸などを乾燥させて、妊婦の腹帯とともに巻き、安産のお守りにしたという。クマの出産は軽く、産期がこないときでも、人がクマの穴の近くを通ったりすると、クマはすぐに仔を産んでしまうということにあやかったものである。

クマもオオカミもお産が軽いということから、山の神を迎えて安産の助けを借りようとする慣習が生まれた。クマの多い東北地方に、山の神迎えの習俗が目立つ。

山の神をオオカミあるいはクマと考えたことは、彼らが山を支配しているという観念があったことによる。江戸時代の書物『北越雪譜』には、「熊荒れ」という言葉が出てくる。越後の山村では、一度に何頭ものクマを仕留めたとき、あるいは年功を経たクマを殺したら、天候が悪くなって、雪崩が起きると信じられていた。これが「熊荒れ」だ。

アイヌの熊狩り歌は、クマの穴の前で歌われたものだが、まず自分の素性を名乗り、先祖代々、山の神であるクマと特別に友好な関係にあったことを述べる。そして、熊の神がその本来の姿である霊に返って山を降り、村を訪ねてくれるように懇請するものだったという。

山の神を女性とみる向きもある。後世ではずいぶんと人間臭くなり、嫉妬深い女性と見立てられている。しかし、時間をさかのぼれば、山の神はもともとは狼や熊だったのである。

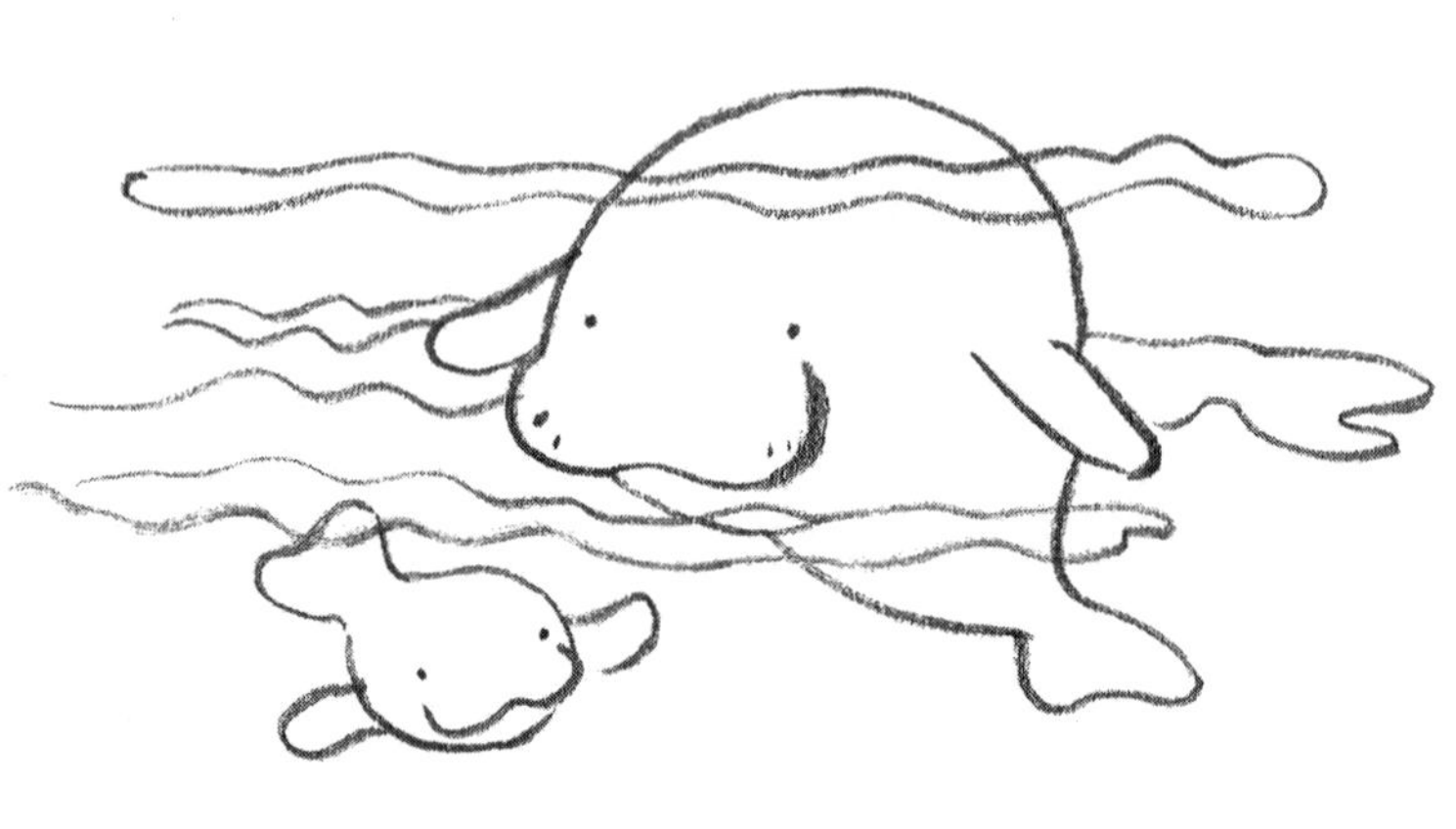

海の神

山の神が狼や熊であったのに対し、海の神はサメやイルカ、海亀、ジュゴンであった。『日本書紀』では、ヒコホホデミが陸地に送り届けられたときの、海神の駿馬は一尋鰐《かずひろわに》であり、トヨタマヒメは海亀に乗ってヒコホホデミの待つ浜へやってきたとある。これらの動物は、もとは海霊であったものが、海の神の従者となったのである。

沖縄本島の村々で海願い、あるいは海神祭りでうたわれる歌には、イルカあるいはジュゴンを海神の乗り物とする内容がみられる。宮古島ではジュゴンをヨナタマと呼ぶが、ヨナは海を指す。つまり、ヨナタマは海霊である。このことから、ジュゴンが海の主とみられていると考えて差し支えない。十八世紀半ば頃にできた『宮古島旧記』には、ヨナタマを

釣った漁師が網で焼いて食べようとしたところ、海からヨナタマを呼ぶ声がし、ヨナタマが助けを求めると、津波がおしよせてその島の村はあとかたもなく流されたという話が掲載されている。このように、ジュゴンを獲ると海が荒れると信じられた。

また、志摩半島の的矢湾の奥に位置する磯部の人たちは、かつてサメに助けられたことがあるとして、今もサメの肉を食べない。磯部にある伊雑宮には、難破船の船板にすがる人たちのそばで、背中に人を乗せて泳ぐサメを描いた絵がかけてあったという。伊雑宮には神田があり、六月に行われる御田植祭りの日には、竜宮の使いの七本鮫が的矢湾から参詣にくるという伝承がある。このために、御田植祭りの日には志摩の海女たちは海に入らない。

サメを自分たち一族の先祖と見る風習もある。宮古島を統一した仲宗根《なかそね》豊見親《とよみや》玄雅《げんが》、八重山諸島の黒島に伝えられる多良間《たらま》真牛《まうし》がサメに助けられた話はよく知られており、両家の後裔は今でもサメの肉を食べない。仲宗根豊見親玄雅は、首里の中山王府に伺候の帰途に難破した際、大きなサメが背に乗せて宮古島まで運んでくれたと伝えられる。沖縄の史書『球陽』は、彼を「鯖祖氏玄雅」と記している。南島ではサメをサバという。つまり、サバを祖先とする玄雅ということである。

また『球陽』には、十五世紀初頭、沖縄から中国に通事として出向いた男が台風にあい、漂流しているところを亀に助けられた話が掲載されている。男は大きな亀の背中に背負われ、左右には二匹のサバ(サメ)が寄り添ってくれた。この通事は、助けてくれたことに感謝して亀とサバの肉は食べないことを誓い、子孫も代々、この誓いを守っているという。宮古、八重山には、このような海の生き物に助けられた話があちこちに残っている。

亀やサバの肉を食べないのは、海神の使者あるいは乗り物とみなしていたためであるよりは、それらの動物を自分たちの祖先とみなしているためではないか。

アニマの親和としての異類婚姻

本書の初めのほうで、民俗学は「神と人間と自然の交渉の学」であると述べた。言い換えれば、神・人間・自然(動物)それぞれのアニマが交流する親和力の世界を研究するのが民俗学である。親和力の基本は婚姻である。日本の神話や昔話には、三つのパターンの異類婚姻の形が語られている。

第一に、神と人間の婚姻(神人婚姻)がある。この端的な形を、天女と人間が結婚する羽衣伝説にみる

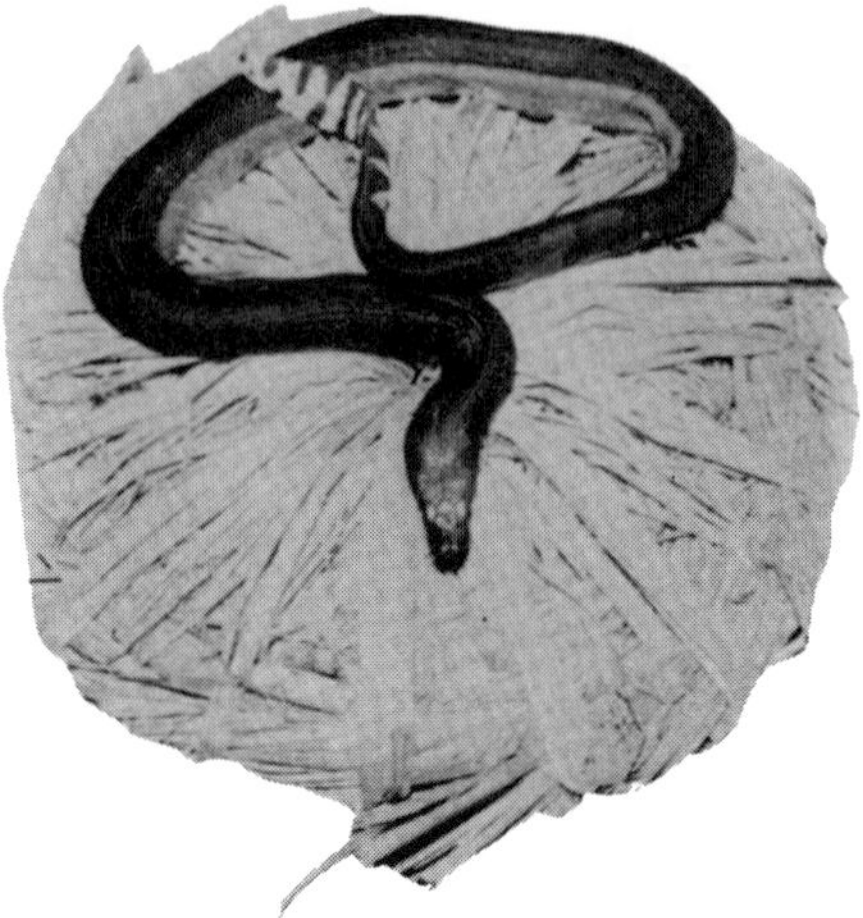

竜蛇信仰を示す例——サンダワラに載せられた竜蛇様

ことができる。羽衣伝説の変奏曲ともいえるのが、琵琶湖の北にある余呉湖に伝わる白鳥処女伝説である。この場合は、天女が白鳥《しらとり》に姿を変えて水浴びをしているところを、天女と見破られてしまうというストーリーになっている。

大和の三輪山には、山の神が夜な夜な若く美しい男の姿で、娘の所にしのんでくるという三輪山伝説がある。夜は来るが、昼は姿を見せないことを聞いた娘の母親は、その若者の衣の裾に麻糸を通しておくように、娘に言う。翌朝、その麻糸をたどっていくと、大蛇がいたという。このヘビが三輪山の神であった。

羽衣伝説の系統にある説話として、『竹取物語』を挙げることもできる。『竹取物語』では、かぐや姫が人間との結婚を拒み続けるだけでなく、自分に慈しみをかけてくれた老夫婦に別れを惜しむものの、いったん羽衣を身につけるとまったく無情になってしまう点で、神と人間の関係は対等ではない。

神と獣の婚姻（神獣婚姻）もある。

さまざまなパターンが見られるのが、人間と獣の婚姻（人獣婚姻）である。鶴女房、狐女房、魚女房などは、動物が人間の男と夫婦になる話である。狐女房は、信太の森で猟師に助けられた狐が女房になるが、子どもに乳をやっているときに、障子に映った影で妻の正体を知った猟師が、信太の森に帰すというストーリーである。猟師の妻であった狐は、森に帰るときに「恋しくば　たずねきてみよ　和泉なる　信太の森の　うらみ葛の葉」という歌を子どもに書き残して、泣く泣く帰る。この話は歌舞伎の演目にもなっており、木下順二によって『夕鶴』という演劇作品になった鶴女房とともに、現在まで広く親しまれてきた異類婚姻譚である。

これに対して、先に触れた三輪山の神であるヘビが娘を訪ねてくる三輪山伝説や、『南総里見八犬伝』にみられる犬婿入り、

あるいは猿が婿入りするなど、人間の女と動物の婚姻譚もさまざまな例がある。

犬婿入りは、ベトナム、南中国、台湾から日本の南島まで広がっている犬祖伝説につながる。人獣婚姻譚の背景には、かつて自分たちの先祖は動物であったという、トーテミズムの信仰があったと考えられる。先祖は狐である場合もあれば、オオカミやヘビ、白鳥である場合もあっただろう。

白鳥信仰

古代の日本人は白鳥《しらとり》、白い鳥に対して特に鋭い感覚を持っていた。『古事記』には、ヤマトタケルが、東国討伐の帰りに尾張に立ち寄って恋人のミズヤヒメに会ったとき、ミズヤヒメを白鳥に見立ててうたった歌がある。鋭い鎌の形をして空を渡っていく白鳥のように、かよわく、ほそく、しなやかなお前の腕を枕としようとするが、といったことがうたわれている。天高く渡っていく白鳥の姿が、古代人の心に強い印象を残していることがわかる。またヤマトタケルが死んで陵に葬られた際、その魂は白い鳥になって海に向かって飛び去ったと『古事記』は記している。

『日本書紀』には、三〇歳になるまで言葉を発しなかった垂仁天皇の子、ホムツワケが、空を飛んでいく白鳥を見て、初めて「あれは何か」と言葉を口にしたという話がある。そこで垂仁天皇は、白鳥を捕らえさせてホムツワケに与え、その白鳥と遊んでいるうちにホムツワケは話すことができるようになったという。

折口信夫は、白鳥を身近に置いたのは、そうすることで新しい魂に触れようとする信仰があった、としている。

古くから霊魂のかたどりとみなされてきた白鳥に関する信仰や伝説は、ハクチョウが飛来する東北や北海道はもとより、はるか南島の八重山にまで及んでいる。とりわけ東北地方に強烈で、なかでも宮城県の南部、刈田郡や柴田郡に集中している。この両郡では、かつては白鳥の羽根にじかに触れるとその部分が腫れるとされ、地面に落ちている羽根も折りとった小枝か箸で拾ったという。その羽根は地中に埋めるか、紙につつんで神社に納めた。刈田郡で唯一の式内社である刈田嶺神社は白鳥神社とも呼ばれ、この一帯では白鳥は「しろとりさま」とも、鳴き声を模して「けーこさま」とも呼ばれた。また柴田領では、領主の幼い子を思わせる「和子《わこ》さま」という呼び方をした。

仙台藩の藩祖・伊達政宗は、第二代の忠宗が初め

白鳥の絵馬(白石の刈田嶺神社)

て仙台入りする際に、白石地区では白鳥を撃ってはならないと、手紙で注意を送ったという。幕末に仙台藩の大守であった伊達慶邦は、白石の農民が一揆を起こしても心配はない、竹の先に白鳥の羽根をつけて突き出せば、ふるえあがって退散する、とうそぶいたことが記録に残されている。また戊辰戦争の際には、駐屯していた西軍の兵士たちが、こうした白鳥信仰を知らずに白鳥を撃ち、土地の者たちに狙撃される事件が起きた。この事件は、紆余曲折の果てに、事件のあった柴田領船岡の当主と、逃亡した主犯の義兄が割腹を迫られ、その犠牲によってようやく西軍側の怒りを収めることとなった。

白鳥信仰は、ハクチョウのふるさとであるシベリア地方の諸民族の間にもみられる。ハンギン族は白鳥殺しは重罪であると考え、その羽毛に手を触れる勇気のある者はめったにいないという。ブリヤート族の伝説では、狩人が白鳥の巣を壊して、ひなを持ち去ると、そのくちばしに火がおこり、村中が焼けてしまったという話がある。また白鳥がやってくると、飲み物を供えてあたりにふりまく習慣があり、女たちは最初に訪れる白鳥を、お辞儀をして拝むという。

ウノ・ハルヴァの『シャマニズム』には、ブリヤート族の白鳥処女説話が取りあげられている。白鳥が羽衣をぬいで沐浴しているときに、羽衣を奪われて人間の妻になったという点は、日本を含めて世界各地にある羽衣伝説と共通している。羽衣をみつけた白鳥が天に戻るとき、天幕の煙出しから舞い上がったが、それを留めようとして末娘が煤のついた手で足をつかんだために、白鳥の足は黒くなったという。ウノ・ハルヴァは、この説話の背景に、ブリヤート族が白鳥を母とし、氏族の始祖を白鳥とする考えがあると指摘している。

古代日本の人々は白鳥をコフ(コウ)と呼んだ。コウノトリやサギ、ツルなども白鳥の一種である。コウは白鳥の鳴き声を模したものであるが、折口信夫はコウは魂乞い、魂を乞うあるいは招くことであると解している。相手の魂を乞うことが恋の語源であるとして、それを白鳥にむすびつけ、白鳥を魂の鳥としている。

タマ

木霊、あるいは言霊といった言葉があるように、万物はそれぞれ「タマ」、すなわちアニマを持っていると、古代人は考えていた。「タマ」には、人にとって善いものであるばかりでなく、害を与えるものもあった。そのような考え方は、宮古群島の大神島で毎年九月に行われる儀式にみることができる。この儀式では、他人の悪口をタライの水にあつめ、そのタライの水を四つ辻へ持っていって捨て、禍を避ける。言霊も善意をもつものと、悪意のあるもの、両方あることを物語る例といえよう。

折口信夫は『霊魂の話』で、タマについて次のようなことを述べている。

タマはもともと身体に入ったり出たりするものであったが、いつの間にか、タマのかたどりである意志や動物の骨などだけがタマと呼ばれるようになった。言い換えれば、抽象的なタマの入れ物が、タマと呼ばれるようになったということである。その結果、抽象的なタマは魂《たましい》という言葉で表されるようになった。タマの働き、作用がタマシイだという。タマは、外側から人間の身体に入りこんで、タマシイとして一定の期間だけ宿り、威力を与えるものであり、肉体から離れると威力もなくなる。

タマが外からやってくるものであるということは、『日本書紀』の「神

代上」で、オオムナチが海辺に立っていると、沖のほうから海原を照らしてやってくる神がいたという話にみることができる。その神は、漁猟を自由にする威力を与えるものであり、医療の威力を持つものでもあった。オオムナチは、これら常世の神の力を得て、やがてスクナヒコという人格神になった。

また『李朝実録』に、一四七七年に漂流しているところを与那国島の人々に救出された済州島民の見聞が記録されている。それによれば、与那国島では、稲の収穫の前には大声を出すこと、口笛を吹くことが禁じられていた。これは稲の実りをもたらすイナダマが稲穂につくのを妨げないようにするためである。『豊後国風土記』逸文には、餅を的にして弓で射たばかりに、その餅が白い鳥となって飛び去り、その後は田がつくれなくなるほど荒れ果てたことが記されている。これはイナダマの怒りと気まぐれを示すものと考えられる。このような例から、イナダマは外からやってきて稲穂に付着すると考えられていたことがわかる。これも、穀物の霊とされるウケモチノカミ、オオゲツヒメ、トヨウケノカミと呼ばれるようになって、人格神になる。

このように、タマは外からやってくるものであったが、いつの間にか器であるものに内在する魂であると考えられるようになった。折口は、日本の神はもともとタマというべきものであったという。言い換えれば、万物にあるアニマに近いものということになる。しかし、タマに善悪両面があると考えられるようになると、善い部分だけが神とみなされるようになったと、折口は述べている。

タマノオ

人間のタマシイは、石につまずいたり、くしゃみをしたりするとたやすく遊離し、身体から抜け出ると思われていた。タマシイが一時的に身体から抜け出ることを意味する「タマガル」は、魂離《たまか》るである。タマガルままで長く放っておくと、魂《たましい》はもとに戻る機を失ってしまい、身体が死んでしまうこともあると恐れられた。

八重山では、子どもの様子が急におかしくなり、ぐったりするようなときに、タマシイが子どもの身体の外に出ているせいだと考える。そのような場合には、身内の者が麻のひもに子どもの年齢だけの結び目をつくり、輪にして、その中に魚を追い込むような動作をする。外に出た子どもの魂を入れるためで、それが終わると、輪になった麻ひもを子どもの首にかける。これを「マブイ(魂)ごめ」と呼んでいる。

大神島では、海で溺死しそうになって助かったときには、タマシイが竜宮にとどまっているとみなして、海岸の小石を七つとって、それを麻糸にしばり神棚に供える。小石をタマシイとみているのであり、小石の完全な形が玉である。

また南島では麻糸をブー(苧)と呼び、宮古島では運気のおとろえたことを「フー下がり」という。下がったフーをもとに戻すために、ユタに頼んで威霊をつける行事を行う。この場合も麻糸をまるめてしばり、それをフーの下がった人間の頭の上に置くというものだ。

物部神社

麻糸は、古来重要なものと思われていた。結び目に玉を置いた麻糸を、玉の緒(タマノオ)といった。貞観二(八六〇)年、宮中に忍び込んだ盗人が、神殿から清和天皇の御霊を結んだ緒を盗んで大騒ぎになったという記事が『三代実録』にある。玉の緒が、人間のタマシイを身体につなぎとめておくまじないを意味していたことがわかる。

島根県大田市にある物部神社で十一月二十四日の夜に行われる鎮魂祭では、玉の緒に結び目をつくる儀式をみることができる。この場合は、五色の絹糸をよりあわせた三尺の長さのひもを玉の緒とみなし、形代の人形一対を奉書紙に包み、その上を麻ひもで結ぶ。儀式は、絹の玉の緒につくる結び目を数えながら、一〇の結び目をつくるというものだ。

宮中でも十一月に同様の鎮魂祭が行われてきた。そのときにうたわれる歌の内容は、いったん離れ去ったタマシイが今来たので、箱を持ってそのタマシイを離れさせないようにするというものである。

結び目を持つ麻糸の輪でタマシイを身体に鎮めようとしたのが、首飾りの原型であると私は考える。結び目の代わりに勾玉や管玉を麻糸に通して首にかけたのも、タマシイを身体に安定させておこうとしたものだろう。玉はタマシイに通じるところがある。『新古今和歌集』に収められた式子内親王の恋歌は、「玉の緒よ、絶えなば絶えね」と始まる。命が絶えるならば絶えてもよい、という意味で、長生きしたら、この恋心が薄れていくかもしれない、と続く。ここでの「玉の緒」は命を表しているが、首にかけた糸が切れると命がなくなることを、言外に置いてうたったとみてよい。

八重山で子どもの首に麻ひもをかけるのは、タマシイが離れないようにするためだ。そこには、首すじから邪霊が身体に入ってこないようにするという意味合いもある。悪霊は首すじだけでなく、手首、足首からも侵入しようとすると信じられていた。腕

輪、足輪は、そうした悪霊を防ぐために身につけたものだ。このような考え方は近世まであり、大礼服のモール意匠も、悪霊を迷わせるために考えられたものである。

国魂

古代人は国にも命があり、タマシイがあると考えていた。大国主神というが、大国魂ともいう。古代日本では、それぞれの国にタマシイがあった。これを国魂という。

タマはまん丸く、中空で密閉されたものである。タマシイは、タマの霊、つまりタマが発動したものである。タマはもともと人格神ではなく、国魂はむしろ国土のタマシイである。大阪市の生国魂神社、長野県上田市の生島足島神社などは、国土生成に関わる大八洲《おおやしま》の霊を祀っているとされている。生く国、生く島といった呼び方は、国土(土地)に生命を認めていることを示している。生島足島神社の本殿には、御神体などは一切なく、ただ土間があるだけで、国土が神であることが明確である。国魂を祀る例として東京都府中市にある武蔵国の大国魂神社がよく知られている。

折口信夫は『古代人の信仰』で「国魂は国々の威力の元であるから、国々を治めるにはその国魂を左右しなければ治められないのである。信濃の国を治めるには、信濃の国の魂が身体には入らなければ治めることができなかった」と述べている。

『日本書紀』の崇神天皇の条には、天照大神と倭大国魂《やまとのおおくにたま》の二神を宮中に祀っていたが、その威勢を恐れて宮中から外へ移し、別々に祀ることにしたと記されている。ヤマト朝廷が大和に侵出するまで、この地は物部氏が支配していた時代があるというのが、私の考えである。『日本書紀』によれば、第十代の崇神天皇以前の初期天皇は、ほとんどが物部氏に連なる娘を妃としている。大和の国魂を持っていた物部氏の娘を宮中に入れることで、ヤマト朝廷は国魂の力を得ようとしたのである。しかし、強い力を持つ倭大国魂を宮中に閉じ込めておくことはできなかった。

また『万葉集』巻一にある高市古人の「ささなみの国つ御神のうらさびれて荒れたる都見れば悲し」

大国魂神社

生國魂神社

生島足島神社

という歌も、近江の国魂が大津京にいなくなり、天武天皇の陣営についたので、近江の都が荒れ果ててしまったことをうたったと解釈している。この歌の内容は、壬申の乱によって、近江にあった都が飛鳥浄御原宮に遷都されたことに関連している。

琉球でも、国土に生命があるという考えがあったことは『おもろさうし』に、国王に島の命をたてまつる、という意味の詩句が出てくることでもわかる。また、国の命、石の命などとともに、勾玉などの玉類の命を捧げるという表現もある。勾玉の命を捧げるということは、自分のタマシイを差し出すことを意味する。島の命、あるいは自分のタマシイを国王に差し出すことは、服従のしるしであった。

『日本書紀』景行天皇の条には、ヤマトタケルが蝦夷の反乱を鎮めに派遣され、蝦夷の首領の島つ神、国つ神らが竹水門《たかのみなと》に集まって防御したとある。島つ神、国つ神とは、蝦夷と同盟を結んでヤマト朝廷に反抗した豪族たちであり、彼らはその国魂を差し出し、服従することを拒んだのである。

天つ神と国つ神

柳田國男は日本人を平地人と山人《やまびと》に分けて考えていた。日本列島に稲作を伝えた人々がやってくる前に、先住民族がいた。その人々を、後からやってきた民族は平野から山へ追いやったというのが、柳田の考え方である。これを縄文人と弥生人と考えることもできる。

中国の『旧唐書《くとうじょ》』には、日本列島には

倭国、日本の二つの国があり、さらに東または北のほうに毛人の国があると書かれている。すでに遣唐使が中国に渡っていた時代に書かれた書物であり、その内容は実際の日本列島の状況をかなり把握したものだと考えてよい。ここでいう毛人の国とは蝦夷を指す。そこにはアイヌの人々も交じっていたであろう。

先住民の神が国つ神である。土着の神、在来の神と言い換えることもできる。これに対し、倭国の律令制度をつくった皇室の祖先につながる神が、天つ神であり、皇室の祖先につながる人々を天孫民族という。天孫民族が日本国の支配者になると、先住民はヤマト朝廷から異族として扱われた。律令制度によって、文化・風俗・習慣の違う人々は「異人雑類」とされ、その代表的なものは北の蝦夷、南の隼人やアマミ人であり、そのほか国栖、ヤツカハギなどと呼ばれる民族もいた。

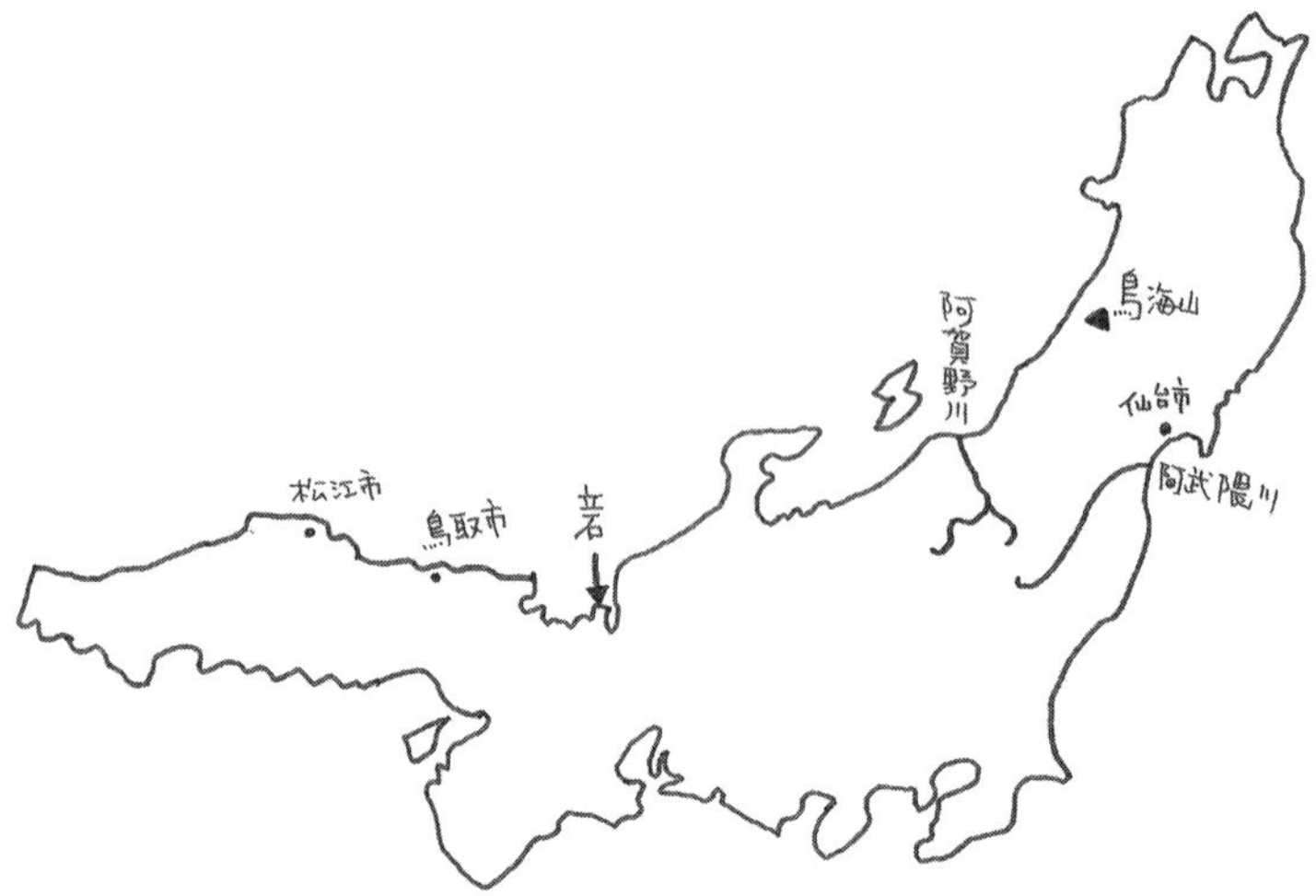

稲作による農耕文化に依拠する民族がやってきて、その支配圏を広げる過程で、元来が狩猟採取で生活を成してきた先住民に定住と農耕を押し付けた。もともと水田耕作に適さない地域であっても、律令制の下に農耕と租庸調の税金を課した。ヤマトタケルに抵抗した蝦夷だけでなく、先住民はヤマト朝廷の支配に繰り返し叛旗を翻した。そうした先住民の姿は、さまざまな伝説として伝えられている。巨人伝説のダイダラ坊、反乱を繰り返した隼人の首領といわれる大人《おおひと》弥五郎は、その典型的な例とみられる。何度も反抗するが、最終的には負けて滅びるアマノジャク（天邪鬼）も、その一例であろう。山に追いやられた先住民が、平地に暮らす人間たちには考えられないスピードで山を歩く様子は、天狗のイメージにつながった。

先住民が異族として扱われるのと同様に、その信奉する国つ神も、天つ神に差別され、滅ぼされるか、天つ神に奉仕するか、いずれかの道をたどった。その形跡は、東北地方にはっきり残っている。

平安時代の『延喜式』に記された神社を式内社といい、東北には式内社が一〇〇社ほどある。そのうち主に海岸地帯にある四〇社近くが、軍神を祀った鹿島神社と香取神社である。いずれも『延喜式』に伊勢神宮とともに三社のみ「神宮」と記録された鹿島神宮、香取神宮を勧請したものである。七世紀半ば近くまで、日本海側は越後の阿賀野川、太平洋側は阿武隈川の線が、蝦夷とヤマト朝廷の勢力を分けていた。東北地方の鹿島神社、香取神社は、ヤマト朝廷が蝦夷征討を祈願するためにつくった神社である。

その一方で、式内社には先住民が崇拝した川や海、温泉などの自然神を神として祀っているものも多くみられる。それらの神は、ヤマト朝廷が敬意を表さなければならない存在だったのではないか。鳥海山を神格化したともいわれる大物忌神社の位を、ヤマト朝廷は、蝦夷征伐に出陣するたびに上げていた。

鳥海山の噴火を、出羽の蝦夷が反乱する不吉な前兆として、恐れていたのである。
また、理訓許段《りくこた》神社、気仙《けせん》大島神社、遠流志別《おるしわけ》神社など、アイヌ語でなければ解けない名称を持つ神社もある。

神社の門に衣冠束帯姿で、ハバキ(脛当て)をつけた二体の木像があり、これをアラハバキと称しているところがみられる。アラハバキは門客人神《もんきゃくじんのかみ》とされている。一般に客人神《まろうどがみ》と言われるものは、神社の主神の客として後からやってきた場合と、神社を建てるときに、以前からその地に存在する土着神である地主神《じしゅのかみ》を客神として祀る場合がある。アラハバキの場合は、後者である。

もともと地主神であったアラハバキは、神社の主神となった後来神のために、外来の邪霊を撃退する役割を担わされて門に置かれた。これを東北地方でみると、天つ神に支配される国つ神の様相が明確になる。現在の仙台市の東に多賀城跡がある。ここは、蝦夷統治を担っていた陸奥国鎮守が置かれた場所である。一八八九(明治二十二)年に出版された多賀城古址の図を見ると、多賀城を囲む築地のすぐ外に阿良波々岐《あらはばき》明神が位置している。明らかに外敵、すなわち蝦夷の侵入を防ぐために、もともとは名前も持たなかったであろう土着の蝦夷の神を置いたのである。

このような国つ神を従属させるやり方は、異族である隼人に宮門を守らせ、朝廷のために犬吠えをして悪霊をはらわせていたことにもみられる。天皇が外出するとき、その一行が曲がり角にくると、先んじて隼人は犬のように吠え声をたてた。曲がり角のような場所には、悪霊がひそんでいると考えられていた。これは、隼人に犬の子孫だという伝承があったからであろうし、それを朝廷は逆手にとって、触れ歩く役割を与えて支配したのである。

目一つの神

唯一神を奉じる一神教とは異なり、日本にはさまざまな神がいる。日本列島に住み着いた人々が古代から奉じてきた神々は、『古事記』や『日本書紀』が編纂された八世紀初頭までに、当時の国家体制に見合うような形で天つ神の下に組み込まれていたことは明らかである。記紀にしばしば登場する天目《あまのま》一箇神《ひとつのかみ》も、そうした神の一つである。

『日本書紀』では、オオモノヌシを祀る際、タカミムスビが神々に職務を与える中で、天目一箇神に鍛冶の役目を与えたと記されている。天目一箇神とは、その名から目が一つの神であることがわかる。なぜ、目が一つの神が金属を扱う仕事をさせられたのか。

日本独特の製鉄技術であるたたらは、砂鉄と消し炭を交互に炉に入れて、鉄を溶かし出す。この作業をする人々の頭領を村下《むらげ》といい、村下は炉の温度を維持する責任者であり、火を見て砂鉄と消し炭を入れる指示を出す。炎の色で炉の温度を判断するために、小さなのぞき穴から片目で見るのである。三日間、ほとんど徹夜で炉の炎を見続ける村下は、六〇歳になるかならないかのうちに片目を痛めてしまうという。出雲の菅谷で戦後に復元されたたたら炉で、実際に作業を行った際に、私はこのような話を聞いた。出雲地方のたたらについて、同様の証言を得た報告も複数ある。

目一つの神は、たたらの炎を長時間にわたって見続け、ついには一眼を喪失することの多かった村下

金屋子神社縁起絵巻(金屋子神社蔵)

のような人を、金属器が貴重だった弥生、古墳時代の人々が神とあがめたことに由来すると考えられる。片目の神の伝承が残っているところは、ほとんどが銅鐸の出土地であるか、銅鉱山や製鉄に関連している。また金属精錬をする人たちを、古代では鍛冶《かぬち》と呼んだ。これに目がついて目鍛冶《めかぬち》となり、これが片方の目が悪いことをいうメッカチという言葉になった。

　ホメロスの『オデュッセイア』にも登場するが、ギリシア神話でもキクローペ(キュクロプス)という目一つの神が金属精錬に関係している。ここにも、天目一箇神との共通点を見いだすことができる。

　天目一箇神を祀る神社は畿内から西、四国や九州にも分布しており、その多くが金属遺跡と関連しているものとみられ、さらに現在もふいご祭りを行っている。三重県桑名市の多度神社には、一目連という神を祀った小さな社がある。一目連は「一《ひと》つ目《め》の連《むらじ》」であり、鍛冶の神様だろう。多度神社の多度という名称も、たたらが語源だといわれている。一目連は霊験あらたかな神で、社から出るときには大風を起こし、光り輝くと信じられてきた。

やがて金属製品が世間に普及して、珍重されることがなくなると、目一つの神も、以前のようには尊敬されなくなった。零落した天目一箇神が、犬に吠えられてみかんの木に登って助かったという伝承が、山口県に残っている。一つ目小僧は、天目一箇神のなれの果てである。また古代のたたらでは片足でふいごを踏んでいたことから、足を痛めることも多かった。ここから一本足の怪物、ヒトツタタラが生まれた。

このほか金属精錬に携わる人々は、金屋子神《かなやごかみ》を祀る。十八世紀後半に書かれたという『鉄山必要記事』（『鉄山秘書』）には、千種鋼で名を馳せた播磨国の岩鍋から、金屋子神が白鷺に乗って出雲国の黒田にやってきて、桂の木にとまり、たたらの炉をつくって製鉄を始めると託宣したという話が収録されている。全国に一二〇〇社ある金屋子神社の総本社は島根県安来市にあり、金山彦、金山姫も併せて祀られている。

柳田國男以来、民俗学は稲作農民を常民とするあまり、定住民の民俗学になってしまった側面がある。しかし、日本列島の社会には、すでに述べたように主に狩猟生活をしていた先住民もいれば、たたら師や鍛冶屋など、定住せずに暮らしていた漂泊民がいた。目一つの神に代表される、金属文化を通してみれば、記紀の記述からも別の側面が見えてくる。

熊襲《くまそ》征伐の後、東国の蝦夷征伐に派遣されたヤマトタケルは、その帰途、伊吹山の荒ぶる神を侮ったことからひどい目にあう。そこから伊勢のいくつかの場所に寄った後、足が立たなくなり、病没したとされている。ヤマトタケルが立ち寄った場所と、記紀の記述から類推するに、最後にたどりついた地が水銀の生産地であると考えられる。ヤマトタケルの英雄伝説の背後には、水銀を採掘・製造する集団の、有機水銀中毒におかされていた人々の悲劇があったと考えられるのである。

金屋子神社

一本足の怪物
右は『山海経』に描かれた夔（き）。左は『和漢三才図会』に描かれた山精。

森と聖地

森《もり》はカミの住居であった。否、森自体がカミと思われていた。森といっても、必ずしも木がたくさんあるわけではない。カミが降りてくる際の依り代となる数本の木、あるいはカミの目印となる特定の木があればよかった。『万葉集』には、神社と書いてモリと訓ませる例がいくつかあるほか、杜と書いてヤシロと訓んでいる。そこには鳥居も拝殿も本殿もない。建造物は一切存在しなかった。

沖縄でも木の繁った場所がウタキ、またはウガンジョ(拝所)と呼ばれた。この場合も、カミの依り代とみられるクバやアザカなどの樹木に囲まれた空き地に、聖域を示す小石が並べてあるだけで、ほかに何もない。『おもろさうし』には、首里森あるいは真玉森といった名が出てくる。この森も、ウタキと同様に、高い場所だけでなく平地にも数多くみられる。

『日本書紀』には、崇神天皇の六年に、天照大神を大和の笠縫邑《かさぬいのむら》に祀り、ヒモロギ(神籬・カミが降臨する場所)を立てたとある。笠縫邑は檜原神社の境内と考えられているが、檜原神社は三輪山を御神体とし、拝殿も本殿もない。現在は鳥居があるが、それさえも不要な時代があった。

カミは祭りのときに出現するが、祭りが終了すると姿を消す。祭りでは、カミが降臨する場所として、常緑樹で囲うヒモロギをつくるが、祭りの終了後は直ちにヒモロギを壊して、跡を残さないのが決まりであった。時代が下がると、祭場に仮小屋を建てるようになり、これも取り壊していたものを、さらに

のちにはそのまま残しておくことになった。これがヤシロの原型である。ヤシロは本来、仮小屋を建てるための土地を指す語で、建物を表していたのではないが、それがやがて神社(建物)を示すようになった。

神社に対してミヤという詞《ことば》もある。『日本書紀』の敏達天皇の条には「王《きみ》の庭《みや》」という言葉が出てくる。庭をミヤと訓ませている。『古事記』の垂仁天皇の条では、ホムツワケが出雲の大神を参拝したことを記した中に、山と見えているのは、神を祀る神主の「大庭」ではないかと述べたという記述がある。これらの記述は、ミヤはもともとカミを祀る庭、あるいはカミが遊ぶ庭であったことを示している。これもまた建物ではなかった。

沖縄では現在でも庭をミャーと呼んでいる。久高島では、祭りの行われる広場をウドンミャー(御殿庭)という。久高島で十二年ごとに行われてきたイザイホーの祭りでは、前日に仮小屋をつくり、そこに神女たちが籠るが、祭りが終わると即刻、取り払ってしまう。

神祭の行われる広場がミヤであり、そこにつくられた仮小屋がのちに宮と呼ばれることになったと考えられる。

ホトケとテラ

『日本書紀』では、欽明天皇十三年に百済の聖明王が使者を遣わし、金銅仏一体と経典などを献上したと記されている。これが日本列島に初めて仏教が伝来した記録で、この年は五五二年あるいは五三八年とされてきた。また「元興寺縁起」などによると、五四六年に百済仏教が伝わったという。朝鮮半島を経由した仏教は、当時の朝鮮半島で勢力を分けていた百済、新羅、高句麗それぞれの特色があり、いわゆる仏教公伝といわれる百済からの流入より早い時代に、高句麗あるいは新羅からの仏教はもたらされていたのではないかとも思われる。


記紀は天つ神の子孫たちによって築かれたヤマト朝廷の歴史を述べている。そうした神々を祀ってきた日本人にとって、仏は蕃神、つまり異国の神であり、新たにやってきた外来宗教であった。

ホトケの語源について、柳田國男は「ホトキ」、つまり「供物を入れる器」に由来するのではないかという説を述べている。

この蕃神である仏を祀るのがテラである。テラの語源について『広辞苑』や『字訓』(白川静)は、パーリ語の長老を意味するテラ（トヘラ）、あるいは朝鮮語で礼拝所を指すチョルに由来するとしている。しかし、古代日本人が、親しみのない外来語をたやすく受け入れたであろうか。

私は「照る」からテラという語が生まれたのではないかと考えている。金色まばゆい仏像は照り輝く存在であった。仏教とともに仏像が渡来する以前の日本列島では、カミは形を持たない存在であった。そのようなカミを祀ってきた人々は、金色まばゆい仏像に接して驚嘆し、崇拝し、礼拝したであろう。また、一般の民家が竪穴家屋のようなものであった時代に、「照る」仏を祀る場所の存在は、際立って目立つものであっただろう。

「照る」が転じてテラになったことを推察させる歌が、『万葉集』巻十六*にある。この歌には、奈良県明日香、橘の地にある橘寺が出てくる。橘寺の長屋（寺の塀などに沿って建てられた長い家）に連れて行って一緒に寝た童女は、もう一人前の女になった

*3822 橘《たちばな》の 寺の長屋に 我が率寝《ゐね》し 童女放髪《うなゐはなり》は 髪上げつらむか

3833 橘《たちばな》の 照れる長屋に 我が率寝《ゐね》し 童女放髪《うなゐはなり》に 髪上げつらむか

であろうかという内容だ。問題は、この歌の冒頭の「橘の寺の長屋に」が、次にこれを訂正するとして収められた歌で「橘の照れる長屋に」と書き換えられていることである。寺の長屋は娘を引っぱり込んで寝るような所ではないことから、改められたのだが、テラを念頭に置いて「照れる」としたのは、テラが「照る」に由来する語であるからだと考えられる。

庶民の生活にほとんど仏教が浸透しなかった沖縄にも、テラと呼ばれる場所がある。仲松弥秀によれば、テラとはカミを祀る洞窟を指し、そこでは例外なく人骨が見いだされるという。それらは、祖先の葬られた場所でもあったにちがいない。また一七一三年に編集された『琉球国由来記』には、中城間切に四つの「寺」がいずれも神社として記されている。テラという語が本土からの借入語であったとしても、その実体は仏教とは無縁であり、さかのぼれば、人々を葬った場所であったとも推測されるのである。

八幡神と神仏習合

八幡神は、それまでの日本の神の常識をくつがえして、菩薩号を名乗った点で際立った特徴を持つ。これは神自体が、外来の神である仏と手を結んだことを示している。古来の日本の神道は、仏教とは立場の異なる宗教であるにもかかわらず、八幡神は仏教に帰依し、擁護する姿勢を打ち出した。

十三世紀末から十四世紀初頭にかけて編纂された「八幡宇佐宮御託宣集」によれば、八幡神は六世紀後半、欽明天皇三十二年に、現在の大分県宇佐市に出現したという。少年の姿で現れた神は「八流の幡と天降って」日本の神となったのだが、もともとは釈迦菩薩の化身で、人々を救うために神道の形で現れたと述べたという。さらに、自分は応神天皇で、広幡八幡麻呂であると告げた。つまり、菩薩の化身であり、応神天皇が生まれがわった神道の神で、広幡八幡麻呂と名乗る、ということになる。宇佐神宮の由緒書によれば、七二五年に聖武天皇の勅願により、現在の場所に八幡神を祀る社がつくられたという。

宇佐八幡神は本地《ほんじ》を釈迦如来(仏菩薩)と自ら唱えた初めての例であり、八幡大菩薩、さらには護国霊験威力神通大自在菩薩とも称した。これが本地垂迹《ほんじすいじゃく》の説の基となったのである。また神宮の境内に神宮寺として弥勒寺を置いたのも、例のないことだった。ヤマト朝廷は七二〇年に大伴旅人を九州に派遣して、先住の民である隼人を討った。この戦に八幡神は伴われ、国家神としての躍進を果たす。この後に隼人征討の供養として、宇佐八幡宮では山林や河川に魚や鳥を放つ放生会《ほうじょうえ》を行っているが、これは仏教思想に基づく供養であり、神道の考え方ではない。

記紀のどこにも名を記さない八幡神は、聖武天皇の大仏造立を機に、九州から中央に乗り出していく。八幡神の行動はすべて、シャーマニズムを基調とした神託によって決められ、中央の朝廷もこれに従った。神託は当時の政治情勢を見抜き、それにあわせて朝廷の意を迎える配慮もなされていた。大仏造立に際して、八幡神は全国のカミを率いて協力すると託宣を出したのである。さらに大仏の鍍金《ときん》に必要な黄金が必ず国内で出ると託宣し、この預言は陸奥から金が献上されるという形で成就する。

『続日本紀』の天平勝宝元(七四九)年の条によれば、宇佐八幡の禰宜尼《ねぎに》である大神杜女《おおがもりめ》が、紫色の輿に乗り、東大寺を拝したという。禰宜尼とは、神職になっている尼《あま》をいい、神道と仏教が一体となっていることを体現する存在である。また、紫色の輿は天皇だけに許されたものであった。このとき、聖武天皇、孝謙天皇、光明皇后をはじめ、百官と諸氏がすべて東大寺に集まったといい、八幡神に対する異例の扱いをみることができる。

東大寺には鎮守として八幡神が勧請され、手向八幡宮が鎮座し、国家神の地位を確かなものにした。さらに後世、平安京では石清水八幡宮が、鎌倉幕府では鶴岡八幡宮が迎えられるなど、八幡神は鎮守として全国に勧請されている。

古代日本の神にみられた土着性を持たない八幡神は、それまでの神観念を大きく逸脱した存在であった。

日本における仏教の進出は絶大なものであったが、それ以前の神道を完全に駆逐することはできなかった。一方、神道も仏教と妥協しながら生き延びる道を選んだ。八幡神は、神道と仏教の妥協点である神仏習合を最初に実践したのである。田村圓澄は「八世紀の仏教国家を出現させたのは、仏教でなく、宇佐八幡であった」という。それほどに、八幡神の影響力は大きかった。本地垂迹の考えは、天照大神の本地を大日如来とするのをはじめ、日本の神と仏教の共存の道を拓いたのである。

神階の授与

宇佐八幡神は、大神杜女《おおがもりめ》が東大寺に礼拝に行った折に、朝廷から一品《いっぽん》という高い位階を授けられた。位階は、天平十八(七四六)年に聖武天皇が病気の際に八幡大神に祈願し、三位に叙したことが始まりであると『東大寺要録』にある。宇佐八幡神は、応神天皇という人格神に設定したことから、位階を受けることを可能にした。

もともと位階は天皇から臣下に賜るものである。天皇もまた伊勢大神も位階はない。臣下に賜る位階を神々に授けるというのは、人間が神の上位にあることを物語るもので、奇怪な話であるが、日本ではそれが別に不思議がられることもなく、行われた。特に平安中期から室町末期まで、機会があるごとに神の階段(神位)を奉った。ただし、伊勢神宮だけは例外であった。

神階には品位《ほんい》、位階《いかい》、勲位《くんい》の区別があった。それはそれぞれの神の軽重とは関わりがなかったが、神社の等級を定めるものではあり、位階に相当する田地の寄進や位禄を伴うものであった。このため、神社も争って高い位階に引き上げられることを朝廷に求めた。位階が高くなれば、それだけ神社の税収入が増えることになる。このような仕組みを通して、ある意味で神々と神社を世俗化することに成功した。

この仕組みを露骨な支配システムとしたのが、明治政府がつくった国家神道であったといえよう。

人を神とする風習

キリスト教では神は人間の上位にあり、両者の間には越えられない一線が引かれている。しかし日本では、神は人間や獣とも婚姻を結ぶ。神と人間の結婚のもっとも端的な例が、天女と人間が結婚する羽衣伝説である。

諏訪大社　本宮大殿

また日本では人間を神にする風習がある。一つは生前に手柄をたてた人物である。二つ目は、生前に悲惨な生涯を送ったために、死後にタタリをして恐れられた人物である。三番目に挙げられるのが、神社の神主である。

生前に手柄をたてた人物としては豊臣秀吉を豊国神社に、徳川家康を東照宮に祀った例がある。これらの例は枚挙にいとまがない。明治以降でも東郷神社、乃木神社がある。

悲惨な生涯を送り、死後にタタルようになった人物も、神社に祀られている。その代表的な例が、菅原道真を祀った天満宮、平将門を祀った赤城神社や神田明神である。

神社の神主を神として祀る例は、諏訪神社の大《おお》祝《ほうり》に代表される。「諏訪大明神絵詞」には、「われをおいて躰なし、祝をもって躰となす」という神勅が記されており、大祝は生き神として尊崇された。いつも夏鹿の皮を敷いて坐っていて、あまり遠出ができない。その住まいを神殿《こうどの》と称していた。近親者に不幸があっても喪に服することはなかった。大祝が死去した場合は、その遺骸は不開《あかず》の門から運び出されて、人目につかないように隠された。なぜなら、肉体の死はあっても神の死はあってはならないからだ。

「諏訪大明神絵詞」には、十二世紀後半、下社大祝の金刺盛澄が木曾義仲の助けを得て京都に攻めあがり、越中まで従軍したものの、重要な儀式である御射山《みさやま》祭りのために諏訪に戻ったことが記されている。この祭りに大祝を欠くことができなかったことを示

す記録である。

また、五日間にわたって行われる御射山の御狩神事の最初の日、諏訪神宮上社の大祝は、お供を引き連れて居館を出る。きらびやかな騎馬の行列で御射山に向かう際の大祝の装束が、諏訪明神の垂迹の姿とされている。

沖縄のノロ

奄美や沖縄では、いわゆる巫女として、村や国の公式行事に奉仕し祭りを司るノロと、もっぱら個人を相手に託宣をして占うユタがいる。ノロは

魚垣
満潮時にここに入った魚は、干潮時にはとりのこされる。
共同の漁場だが、ノロが所有する魚垣も多かった。

社会的に地位が高い公認の神女であり、神事を扱うが、死穢には触れようとしない。また神託を告げる、あるいは占いをするということもない。

ノロとユタが分かれたのは、十五世紀半ばから十九世紀後半までにわたる第一尚氏の二つの王朝によって、宗教制度が整備された中でのことだった。託宣によって体制を批判することもあるノロの存在を迫害する一方で、体制に奉仕するノロを厚遇し、さまざまな特権を与えたことから、前者がユタになっていった。村ごとに祭りを営んでいた時代の南島には、ノロとユタの区別はなく、ただ神がかる女性がいて、その託宣を聞いていたものと思われる。たとえば、第一尚氏の尚泰王の娘、モモトフミアガリは嫁ぎ先の城から脱出して逃げる途中、突然神がかりして託宣を発したと『おもろさうし』に記されている。このときのモモトフミアガリは神となっていたので、父である尚泰王にしても、その言うところに従わなければならなかったという。

この伝統から、沖縄のノロは祭りの前夜までは神に仕える女性であるが、祭りの当日になると神がかって自らが生き神となり、儀式を行うことを原則としていた。自らが神であるから、ノロは神を礼拝しない。ノロは祭りの当日まで、神をあがめるオタカベ(祝詞)を唱える。古い時代には七日間も続いたという。オタカベを唱える間、ノロは忌みごもりをして肉食を避け、ニラやラッキョウなど匂いのつよい食べ物も避ける。祭りの前日には、神聖な泉で禊をするなどして、魂を新しく若返らせる。この夜は古謡をうたったり、踊ったりしているうちに、神が降り、その霊を身に憑けることをカミサガリという。この儀式を経て、ノロは生き神となって、祭りの日に集落の人々から歓待されるのである。

五……地名

土地の名

古来、土地はアニマ（魂）を持つと考えられ、古代人は土地の霊にうやうやしい崇敬の念を捧げた。前述のように、国魂という語がそれを表している。

国魂は人格を持つ。『古事記』に記されているイザナギ、イザナミの国生みでは、生まれた国それぞれに名前がつけられている。伊予の二名洲《ふたなしま》（四国）は身体が一つで顔が四つあり、一つひとつの顔に名前がつけられた。その一つが愛比売《えひめ》、現在の愛媛であった。愛媛は姉媛、つまり姉娘のことである。愛媛に対して妹媛を乙媛という。このように土地は人格を持ち、名前を持っている。そのような土地を自分の祖先とみなす感情が、日本列島には古くから存在していた。地名は、単なる記号ではない。

日本人の姓の七割から八割は地名に由来するといわれている。かつては、姓を持つことができるのは、限られた人々だった。姓を持たない人々は、名の前に、住んでいる村の名、あるいはその地域の川や山といった目印となるものの名を冠していた。それほど行動半径が広くなかった時代にあっては、それで充分に個人が識別できたのである。たとえば森と呼ばれている場所に住んでいる弥平であったり、太郎であったりしたものが、やがて森を姓とする。

私の姓も、父方の先祖の居住地にあった集落の名に由来するものだ。もともと日本の地名は、大字《おおあざ》だけで約一三万あるとされる。大字は、江戸時代の村と考えてよい。大字は複数の集落から形成されてお

り、その集落一つひとつ、小字《こあざ》が村落共同体の最小単位であった。その個々の地名は、日本列島の文化遺産であった。

地名は、土地の性質を表現する名前であり、識別のための呼称でもあるが、同時に、その土地に関わりを持つ人たちの固有の感情や考えも表現している。つまり、地名は人間と土地の関係を物語ってもいるのである。

地名によって伝えられるもの

地名の特徴として、第一に挙げられるのは、極めて古い固有名詞であるという点である。日本列島に人間が暮らし始めてまもなくから、縄文時代あるいはそれ以前から、地名はあったのではないか。ごく限られた範囲で生活していた時代であっても、共同生活を営む上では、場所を識別する必要があった。

たとえば、今日は川の上流に魚を捕りに行く。上流のどのあたりへ行くのかを明確にするために、何らかの呼称がなくてはならない。『風土記』『古事記』『日本書紀』『万葉集』には、いたるところに地名起源説話が出てくる。ことに『風土記』は、山や川の名称なども含む、地名の由来をさまざまに記録している。

『出雲国風土記』は、八束水臣津野命《やつかみずおみつののみこと》による、国引きが記されていることで知られる。ここには、八束水臣津野命が、小さく国をつくってしまったから修正しようという詔の冒頭で「八雲立つ出雲の国」と述べられたことに、出雲という国の名は由来すると記されている。また、安来という地名は、スサノオがここで心が「安平《やすけ》くなった」と言ったことに由来するという。あるいは、島根とは、八束水臣津野命がそう呼んだから、というだけ

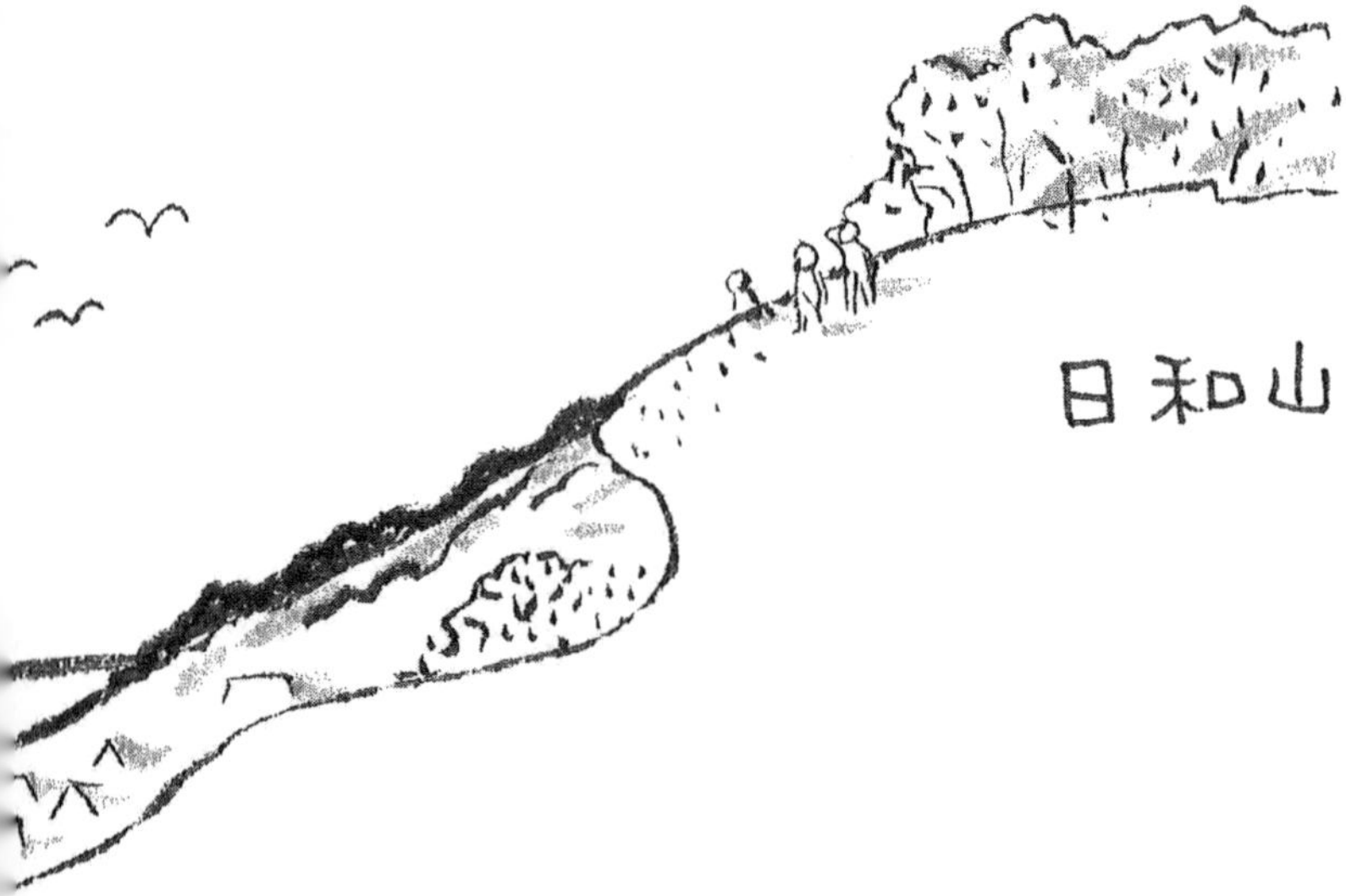

の由来もある。

『常陸国風土記』は、久慈の由来を、ここの丘がクジラに似ていたのでヤマトタケルが久慈と名付けたとする。こうした神話的な逸話を伴わない、単にその土地の特徴を表す地名も多い。『播磨国風土記』には、川の辺にあるから川辺の里、高い丘があるから高岡の里という例がみられる。

このように地名に関する伝説、あるいは伝説を含んだ地名が無数にある。日本人が地名に対して関心を寄せ続けていた理由の一つは、土地に対する執着であろう。

地名の二番目の特徴は、変わりにくい固有名詞であることだ。『魏志倭人伝』に書かれている倭国への道順は、朝鮮半島から対馬、壱岐を経て、末廬国、伊都国があり、奴国に至るとなっている。三世紀末にすでにあった対馬、壱岐の名は、現在でもそのまま使用さ

れている。弥生時代あるいは古墳時代の土器は、その後、使われることはない。はるかな過去から持続して日常に使用し続けられてきたことは、地名があまたの埋蔵文化遺産とはまったく異なる点である。

地名は場所を識別する必要から生まれたものだが、日本人の情緒を喚起する力を持っている点が、第三の特徴である。地名には土地の最小の共同社会の歴史や感情が込められている。そのもっとも端的な例が和歌の枕詞である。難波の枕詞「葦が散る」は、古代の難波が湿地帯であった光景を喚起させる。潟湖の岸辺に生えている葦の華が散る、その光景が「葦が散る難波」という表現で描かれ、実際に難波を訪れたことのない人でも、その情景を思い浮かべることができる。日本人が地名を詠み込んだ言葉に触れて、共通の感情を伴う映像を描くことができるのは、それが私たちの感情のもっとも根源的なものと結びついているからである。

全国共通の地名も少なくない。低湿地を意味するアクツ、アクトに由来する地名である阿久津、阿久田などは全国に広く分布している。人々の暮らしが変わっていくのに従って、新しく地名ができる場合もある。たとえば、日和山と呼ばれる山は全国に八十余カ所ある。いずれも外海に面した港の近くにあり、標高は一〇〇メートル程度の小さな山だが、そこからは港の内外がよく見渡せる。日和山という地名がつけられたのは、地方の産物を江戸や大坂といった大消費地に運ぶ大型帆船が出現した頃、十七世紀後半である。これらの船が頻繁に出入りする港の船宿には、天気を占う日和見の専門家もいた。専門家をはじめ、船頭たちは、雲行きや風向きを確かめるために早朝に、この日和山に登ったのである。風の方向を定める方角石が置かれているのが常で、これが今も残されている所がかなりある。

このような地名は、普通名詞であると同時に、土地に結びついた場合は固有名詞となる。全国に分布している同一地名を分析することによって、それらの土地に共通する性格を発見することができる。

さらに、地名は遠方まで運ばれ、その旅先に定着することもある。奥州平泉は、藤原清衡が居館をここに移したときには、まだ平泉という名はなかった。白山信仰をもつ清衡が、中尊寺を造営する際に白山社が置かれ、越前の白山中宮神社平泉《へいせん》寺の修験の徒もやってきたと考えられる。平泉の地名も、越前から奥州へ招かれたのである。

地名から明かされる古代日本の姿

奈良の平城京の発掘に際しては、大極殿跡の所在地がどうしてもわからなかったところ、土地の人が大黒の芝と呼んでいる土地があるという。そこを掘ると、はたして、大極殿跡であったという証拠が出てきた。大黒の芝という呼称で、この土地の歴史が伝えられていたのである。

奈良という地名は、奈良県に七〇ある。この地名は、朝鮮語の「国」という語に由来するという説があるが、奈良県という決して広くはない地域に七〇もあるということは、この説に疑問を呈する根拠となる。では、ナラとは何か。ならす、傾斜地を平らにすることからきていると考えられるのである。平城京という名も、平らにするという意を含んでいる。

大和という地名も、奈良県の小字で約二〇あることから、一国を表す名になったのはのちのことであって、もともとは船が出入りする港のような、山の入り口をヤマトと言ったのではないかと考えられるのである。

このようなことから、地名は大地に刻まれた、日本列島の百科事典の索引であるということができよう。これが、地名の第四の特徴である。地名は、その土地がどんな土地柄であるかを判断する手がかりであり、またその土地の歴史を知る緒でもある。

たとえば前田という地名は、ありふれているようであり、単に家の前の田を指していると考えがちである。しかし、検地帳によれば、前田とは寺社や豪族などが神事のために使う稲を植える田を特別に呼ぶ名である。前田という古い地名があるならば、そこには大きな寺社、あるいは豪族の屋敷があったことを示唆している可能性がある。

『出雲国風土記』には「野」という語がしばしば出てくる。出雲には宍道湖を中心に神奈備山が四つあるが、『出雲国風土記』では、意宇郡のものを神奈備野と書いている。現在は茶臼山と呼ばれている山で、標高三三八メートルにすぎない。『出雲国風土記参究』の著者である加藤義成によれば、野と呼ばれているのはすべて傾斜地であり、平坦地に野をつけた例はないという。私たちは野原という語から、平らな原っぱをイメージするが、古代人にとって、それは野ではなかった。では「原」は何を指すのか。河原や平坦地につける場合もあるが、同時に耕地、畑を耕すことも表す。新治《にいはり》という地名は、開墾した畑、さらにはその畑の道を意味する言葉である。原という地名は、開墾地を表している。

記紀万葉を読む際に、このようなことを念頭に置いておくと、理解しやすい場合が多い。地名を解読する際に頼るべきは、音である。鎌倉の由比ガ浜という地名は、共同作業を意味するユイに由来することは、すでに述べた。このユイにはさまざまな宛字が使われている。隠岐島の湯井も、ユイに由来している。地方によっては、ユイがイイ、あるいはエエと変化する場合もある。五島列島の飯の浦がその例である。地名は持続しているものであるから、時代とともに動き、変化して今日に至っている。

口伝えに伝えられる呼称である以上、少しずつ音が変化していくのは自然である。しかし、表記を変えてしまうと、漢字が表意文字であるだけに、本来とは別の意味が派生してしまう。好まれる字に替えることは古代から一貫して行われてきたが、それによって、土地に伝えられてきた歴史が歪曲されてしまうことには留意しなければならない。

動物にまつわる地名

現代日本の生活は、愛玩動物を除けば、動物との関わりが少なくなっている。しかし時代をさかのぼるほど、人間は動物との間に密接な交渉を持っていたことが、動物の名を含む地名、動物地名によって明らかになる。

動物たちは、神話や神謡の主人公として語られ、あるいは異類婚姻譚における人間のパートナーとして登場する。そうした動物と人間の関わりが深かった頃は、両者の間には上下の序列はなく、動物は人間以上に予知能力を備えると思われただけでなく、神または神に近い存在とされていた。さまざまな動

物たちは、海や山の彼方から幸いをもたらす客人神《まろうどがみ》であり、あるいは冥界へのすぐれた導き手でもあった。また、動物を先祖として敬う人々も少なくなかったのである。

動物たちの活躍した舞台は、地名伝承の中に語り継がれ、もはや実際には見ることのできなくなったオオカミのような動物も、地名の中に残されている。オオカミがかしこきものとして祀られていたことは、すでに述べた。オオカミをオイヌあるいはオイノと呼んだ東北地方には、仙台市の狼坂《おいぬさか》、弘前市の狼森《おいのもり》、秋田市・横手市の狼沢《おいぬさわ》などの地名がみられる。これらは、かつてオオカミの数が多く、害も益も含めて、人間とさまざまな交流があったことを示す例である。

日本の地名には、動物の名を冠したものがたいへん多い。これは、人間と動物が、緊張の中にも親和関係を保っていた時代の反映にほかならないと考える。動物地名の分布では、豊かな森林や河川を生活の場として、狩りや漁をしていたアイヌの居住地が、もっとも濃密である。一方で、沖縄をはじめとする南島には、動物地名が極端に少ない代わりに、海岸の地形や耕作地に由来する地名が目立つのである。このことから、農耕や運搬に牛や馬を使うことのない時代が長く続いたこと、海に囲まれていながら、リーフを越えて漁に出る者はまれであった、南島の暮らしが見えてくる。

助川と鮭川

柳田國男の『遠野物語』には、遠野盆地がまだ湖であった昔、鮭に乗って気仙口からやってきた者が、草分けの宮という家の先祖になったという伝承が記されている。その家の子孫が、猛禽にさらわれて断崖に連れ去られたが、その下を流れる川の水際まで降りたところに、大きな鮭がやってきて、その背に乗せてもらって家に帰り着いたという話も伝えられている。

日本で唯一といわれる鮭神社があるのは、福岡県嘉穂町（現・嘉麻市嘉穂町）であるが、鮭ののぼる河川は、東日本を中心としていた。特に北海道のアイヌや東北の人々は、鮭に頼る暮らしをしていたのであり、鮭川の地名も点々と残っている。

鮭ののぼる川、鮭川を助川ともいう。北海道の松前藩や東北の南部藩のあった地方では、鮭や鱒の大きなものをサケノスケ、マスノスケと呼んでいた。『常陸国風土記』の久慈郡の条にある、助川の駅家《うまや》の記述によれば、常陸国守が鮭を捕るために、それまでの偶鹿《おうか》という地名を助川に改めたという。土地の方言では、大きい鮭をスケと呼ぶとも記されている。現在も、日立市に助川町の名が残っている。

山形県三川町は、かつて大きな鮭がのぼったという赤川に沿ってある。近世の助川村が、三川町に助川の地名で残っており、そのあたりでは十二月二十五日に、その年に捕れた鮭の精霊が川をのぼるという。その際に「大スケ、小スケ、今通る」と鮭の精霊が言う声を聞いた者は死ぬと恐れられていた。鮭を捕る漁師たちは、その日は漁を休むだけでなく、耳をふさぎ、餅や酒を用意して大騒ぎしたという。こうした大スケ、すなわち鮭の王が眷属を連れて川をのぼるという伝承は、東北地方や新潟県に多くみられる。

山形県には、最上川の支流に鮭川があり、その名をとった鮭川村もある。この川も、かつては多くの鮭がのぼってきたという。

鮭と最も密接に関わってきたのは、アイヌである。アイヌ語では、鮭をシベと言い、北海道にはシベナイ(鮭川)、シベヌルカシ(鮭を見るところ)といった地名がみられる。鮭ののぼる川に沿って集落(コタン)を形成してきた彼らは、自らを鮭と一体化して考えていた。幕末・維新期に北方を探検した松浦武四郎の紀行文には、川下から川上に向かって右あるいは左と記述されているという。これは松浦の道案内をしたのが、アイヌであったことによる。ヤマトの人間が川は上流から下流に向かうと考えるのは逆の見方をしているのである。更級源蔵は『アイヌの神話』で、アイヌにとっての川は、鮭が海からのぼってくる道であり、彼らの川の観念は海から山に向かうものであると指摘する。

河野広道は『アイヌとトーテム的遺風』で、十勝のケネ集落のアイヌは、鮭の後裔であると自らを称していたと記している。

河童と猿

山口県菊川町（現・下関市菊川町）の城光寺には、猿猴《えんこう》塚がある。中国・四国地方では、猿猴は河童を指す。この塚は、水浴びに来た馬を川に引き込もうとして、逆に陸にあげられた河童が、今後決して悪ふざけはしないと誓いをたてた大石だと伝えられている。

ＪＲの広島駅近くに猿猴川が流れている。柳田國男の『山島民譚集』には、島根県や高知県にある猿猴川、エンコウ淵という地名がいくつか挙げられている。同書によれば、中世には河童を河猿、あるいは淵猿と呼ぶ時代があったという。

猿と河童は同一視され、共通の性質を持ち、その容貌も似ていると思われていた。愛媛県北条市猿川（現・松山市猿川）は、立石川の上流に位置する。この猿川という地名は、河童の棲む川を意味する。

私の郷里の熊本では、河童をガラッパまたはカワワロと呼ぶ。これは川童《かわわっぱ》という語からきている方言だ。川太郎を意味するガタロ、川子に由来するカワゴまたはコウゴという呼び方は、各地にみられる。川子石、川子岩といった地名を持つ場所には、河童にまつわる話が伝えられている。

しかし、猿という文字が使われている地名は、必ずしも河童の存在を示すものではない。『遠野物語』に、河童が多く棲むと紹介されている猿ヶ石川には、河童淵もある。しかしこの場合のサルはアイヌ語で、葦（葭）原を指している。それに猿という漢字をあてた。したがって、猿ヶ石川は、葦原のある川ということである。北海道の沙流《さる》、斜里、猿別、猿払、猿骨という地名は、すべて葦原あるいは湿原、沼地、泥炭地を示している。

猿のつく地名にはザレ、すなわち崖を意味するものもある。山が崩れ、欠けたところをザレという。熊本県矢部町に猿渡川がある。崖地の下を流れる川を渡る場所が猿渡である。山梨県大月市などにみられる猿橋という地名の場合、橋は崖の端を表している。このほかにも、猿のつく地名には、崖を表すものが少なくない。

猫

戦前まで、群馬県の赤城村(現・渋川市赤城町)には、猫という地名があった。赤城村には猫城という城址がある。ネコはおそらく根子屋《ねこや》に由来すると思われる。根子屋とは、中世の山城のふもとの村を指す場合もあるが、山城を指すことが多い。神奈川県山北町の河村城址は、かつて猫山城と呼ばれていた。これもまた、根子屋の変化したものである。

熊本県の阿蘇山には、のこぎりの歯のような峰々が天をつくような姿をした、根子嶽がある。『肥後国誌』は、猫が宮仕えにのぼる山だと記している。柳田國男は、根子嶽を猫嶽と表記した上で、この山には猫が人間の女のような姿をして、大勢で大きな屋敷に住み、人間を風呂に入れて猫にする、という言い伝えを紹介している。

富山県の宇奈月町(現・黒部市宇奈月町)に猫又山がある。これとは別に、魚津市、宇奈月町、上市町の境にも猫又山がある。魚津市の猫又山の西側の谷は猫又谷といい、その付近に昔から人をおそう野生の猫がいると恐れられていたことから、この名がついたという。

家猫を、古くはネコマと呼んだ。会津磐梯山の別峰に猫魔ヶ岳があるのも、このネコマに由来するのであろう。『新篇会津風土記』には、猫魔ヶ岳には猫石という大石があって、そこには草が生えず、いつも掃除したようになっているのは、猫がたくさん棲んでいるからだと記されている。平岩米吉によると、猫魔ヶ岳には猫神が祀られ、江戸時代の後期、文政年間には、猫の絵を描いたお札が磐梯神社から発行されていたという。

鹿

熊本県水俣市の奥にある大関山のふもとに、石間伏《いしまぶせ》という地名がある。道の片側には大きな岩があり、そこに隠れて、近くを通る鹿、イノシシといった獣を狙い撃ちした場所だと推測される。豊臣秀吉の軍勢が、薩摩の島津を攻めた際に、そのあたりで狩りに興じたという話が伝えられている。マブシ、マブセという語はイメ(射目)と同じく、獣たちが通るのを待ち構えて狩る場所を指す。

『播磨国風土記』の揖保郡、飾磨郡の条には、射目人《いめひと》を射目前《いめさき》にたてて、狩りをしたという記述がある。このとき、大きな牝鹿が瀬戸内海を泳いで伊刀嶋、現在の家島群島に渡ったという。イメはユメともいう。射目前は、姫路市を流れる夢前《ゆめさき》川の名の由来となった古い地名だとされている。

『日本書紀』には、応神天皇が淡路島で猟をしたときに、西のほうから数十頭の鹿が海を泳いで渡ってきて、播磨に着いたという出来事が記されている。天皇が、その着いたところを見にやると、それはみな、角のついた鹿の皮をまとった人間だった。このことから、その着いた場所を鹿子水門《かこのみなと》と呼び、また水手《ふなこ》を鹿子《かこ》というようになったという。同じ話が『淡路国風土記』逸文にも記されている。この鹿子水門は、加古川の河口の地とされている。

明治の開拓が始まる前の北海道は、山野に鹿があふれていた。幕末の探検家、松浦武四郎は『東蝦夷日誌』に、遠くからは一面の枯れ草と見えたものが、近寄ってみると、鹿の集まった光景だったと記している。夏を西海岸で過ごした鹿たちは、雪が深くなって食物がなくなる前に、東へ移動し、春になるとまた戻ってくる。その移動の途中で石狩川を泳いで渡

るところを、アイヌは狙うと、串原正峯は『夷諺俗語』に述べている。

アイヌ語で鹿をユクという。南富良野町には幾寅《いくとら》、東鹿越《しかごえ》という地名が並んでいる。幾寅はユク・トラシ(鹿・登るところ)というアイヌ語地名に漢字をあてたのに対し、鹿越はユク・ルベシベ(鹿・下るところ)という地名を翻訳したもので、両者には密接なつながりがある。

鹿追町の名も、鹿を捕らえるための鹿垣がたくさんある場所を意味するアイヌ語、クテクウシを意訳した地名とされる。明治政府の抑圧政策が始まる以前、十勝のアイヌは共同で鹿の追い込み場をつくり、捕獲したという。

鳥たちの名

かつての人々の暮らしは、鳥たちとも親しい関係があった。

海沿いの地域では、魚の群れを追うカモメは、現在よりはるかに関心を払うべき存在だったであろう。岩手、秋田、宮城などではカモメをカゴメと呼び、津軽半島や下北半島ではカが落ちてゴメといい、北海道の方言にもなっている。オホーツク海に面した枝幸《えさし》町にはカモメの繁殖地だったゴメ島がある。下北半島の西端に位置する佐井村の漁港の前には、やはりカモメが来るゴンベ島があり、漁師たちはゴベ島と呼ぶ。北海道や青森県には、ゴメ、ゴンベのほか、アイヌ語でカモメを表すカピウ、マス、マシといった呼称が地名として残っている。

鵜飼いは記紀にも記されている、歴史の古いものである。八世紀の半ば、越中守に任ぜられた大伴家持は、当時の越中に含まれていた能登の珠洲あたりまで巡航している。その途中に、鵜川(現・能登町)の集落がある。ここでは、鵜飼いが行われていたと考えられている。

能登半島の七尾市には鵜浦《うのうら》町がある。その北端にある鹿渡《かど》島の鵜取崖《うとりがけ》は、能登一の宮、気多大社で十二月半ばに行われる鵜祭りに使われる鵜をとる場所である。気多大社の縁起によると、祭神の大己貴《おおむなち》神《がみ》が神門島(鹿渡島)に渡ってきたときに、土地の神の御門主比古神《みかどぬしひこがみ》が鵜を捕らえて献上した故事が、鵜祭りの始まりだという。

鵜祭りの鵜を捕るために、鵜浦には鵜取部《うとりべ》と呼ばれる人々がいた。鵜取崖で野生の鵜を捕獲する役目は小西家に代々受け継がれ、一子相伝の技術として現在に至る。捕らえた鵜は、その年の当番の鵜取部三人によって、三日かけて気多大社まで運ばれる。

これを鵜様道中と呼び、能登の師走の風物詩となっている。

鵜が川の漁を助けたのに対し、鷹は山野の狩りで活躍した。鷹狩りもまた、記紀の時代から行われていたものであり、天皇をはじめとする支配層の特権的な楽しみでもあった。

群馬県上野村の御巣鷹山《おすたかやま》は、一九八五年の日航機墜落事故で日本中にその名を知られるようになった。江戸時代には、上野村周辺には、そのほかにも多数の御巣鷹山があり、それらは江戸城の御鷹部屋に送る鷹を管理する場所で、御巣鷹見と称する役人がいた。

このほかにも、長野県須坂市にも、鷹の雛を捕って献上した、御巣鷹山がある。ここは御鷹山とも呼ばれ、長野県四賀村(現・松本市)にはかつて松本藩が鷹狩り用の鷹を捕らえた御鷹山もある。

秋田県の角館藩主は鷹狩りに熱心で、角館町では、江戸時代、秋になると付近の山々で鷹を捕るわなを

かけた。鷹を捕る網を塒《とや》といい、角館町周辺の山々には、何々塒、あるいは鳥屋森といった地名が多くみられる。こうした鷹を捕る人々の多くは、夏場には鵜飼いをしていたという。

地名変更という愚行

地名が古代から連綿と伝えられてきた日本の文化と歴史を伝えるものである以上、それを近代の名のもとに、さまざまな制度の効率化のために変えることは、愚行というほかない。日本の伝統を重視するというのならば、地名は持続の観念のもっとも重要な文化遺産である。五年ごと、十年ごと、小刻みに変わっていく文化は、伝統の名に値しない。

日本人にとって馴染みのふかかった鳥の一つ、朱鷺《とき》は、すでに日本で絶滅した。かつては東アジア全域で見られ、珍しくもなんともない鳥だったものが、

現在は生息が確認されているのは中国だけになってしまった。トキ色という日本特有の色の呼び名は、その翼の下面の羽根色を指すのだが、もはや、その色を知るのも難しい。しかし、トキにまつわる地名は日本の各地に残っており、かつては、そこにトキが人々とともに暮らしていたことを示している。

明治の近代化によって、日本社会の伝統破壊が始まったが、その速度は第二次大戦に敗戦して以降、驚くべき勢いで加速度を増したというほかない。特に一九六〇年代の高度経済成長による社会の大きな変化は、地方の小さな町や村にも押し寄せ、同じような家並みと生活様式を生み出した。このことによって、日本人の内実の意識までが変容してきたのである。地域に受け継がれてきた祭り、冠婚葬祭といった生活慣習は失われる一方である。

地名にだけ残されていた、その土地の来歴も伝統も、地名変更によって消されてきた。古いものは悪であり、新しいものこそ善であるという価値観は、すでに破綻していると思われるのだが、依然として町村合併などによる地名の抹殺は続いている。現在の新潟県上越市という名は、由緒ある地名であった直江津と高田を犠牲にしてつけられたものだ。これは一例に過ぎない。

地名の改竄は歴史の改竄につながるものであり、地名を通じて日本人の間に長年培われてきた共同意識を壊す、すなわち日本の伝統を破壊する。一九六二年に自治省(当時)が「住居表示に関する法律」を公布施行したのが、その発端であった。以来、地名は日本人のアイデンティティに不可欠なものであることを再三述べてきたが、ここでも、改めて地名変更への異議を記しておく。

六……未来につながる視点としての民俗学

壮大な古代文明を持つ大陸に近い、しかし脅威を感じなくてすむ距離を隔ててあるという、日本の位相、シチュエーションは面白い。ここから日本人のメンタリティを考えていく必要があることはすでに述べた。

日本人は、外国に対していつも夢を抱いてきた。古代から江戸時代まで、日本人にとって憧れの国は中国だった。江戸時代に唯一の貿易国であったオランダが、そこに入ってきて、ヨーロッパ文明をじかにもたらした。さらにアヘン戦争で中国がイギリスに打ち負かされたことから、中国に対する日本人の憧れは冷めていった。西欧列強の存在は日本にもひたひたと押し寄せ、明治維新を経て、日本の崇拝の対象はイギリスに替わり、日英同盟を結ぶ。かつての憧れの対象であった中国は日本より劣っているという認識になり、日清戦争に向かう。イギリス崇拝は、若き皇太子時代にその地を訪れた昭和天皇まで続いていた。日中戦争、対米戦争から拡大した第二次世界大戦に敗退した日本は、敗戦後、アメリカを崇めるようになる。

日本は常に崇める国と蔑む国、この二つをつくってきた。古代でも、中国を崇拝する一方で、新羅を蛮国として蔑んでいた。このような心情が、日本の民族の基調である。近代以降、フランスへの憧れをつのらせた時代もあり、また革命後のソビエトは日本の知識人の憧れの的だった。戦後のアメリカ崇拝の一方には、そのようなソビエトへの憧れがあったが、そのソビエトが崩壊した。今、夢みる国がなくなったのは、ある意味では、良い状態だといえる。

すでに述べてきたように、日本人のアイデンティティを明確にする上で、民俗学は重要な視点を提供するものである。縄文時代、あるいはそれ以前から日本列島に刻み付けられてきた世界観と、そこにつらなる文化は、日本人の心に地下水脈のように受け継がれてきた。また同時に、神と、あらゆる生き物たち、さらには地球上のすべての存在と調和して生きる道を示すものでもあるだろう。

沖縄の海岸から海を眺めると、日常的な空間と非日常的な空間、現世と他界とが一望に見渡せる。沖縄では、島々を囲む珊瑚礁によって、海が二重になっている。珊瑚礁の中はイノーといわれる浅い海で、太陽がさして明るい青い色をしている。潮が引くと白波がたち、日々の糧がもたらされ、そこには日常の営みがある。タコや海藻を採ったり、貝を拾ったり、日常生活の中で楽しく過ごす場所である。その外側は深い海で、太陽の光線が届かない青黒い海だ。ここには、島民は日常ではほとんど行かない。珊瑚礁の内側は現世、外は他界と、まったく分かれている。それを見ると、とても良い気持ちになる。

沖縄には「かなし」という言葉がある。かわいい、という意味だ。悲哀と愛着。沖縄の海に「かなし」という言葉を思う。何時間見ていても飽くことがない。ゆうゆうとした自然がたわむれ、白波がたち、あるいはスコールのような雨が通り、太陽がきらめく。

私はこの海に、日本人の原郷を見るのである。悠揚たる自然の中で、現世と他界が隣り合う世界に身を任せたいという思いを抱く。

現実の日本社会は、そのような世界観とは大きく隔絶している。情報化時代にもかかわらず、地域社会、家族、世代間の相互の会話は失われ、意志の疎通は困難になっている。永続する家の観念と制度の廃絶から、親から子へ、子から孫へと習俗や祭りを伝承することも難しくなっている。それは、柳田國男、折口信夫によって築かれた民俗学が依拠してきた民間伝承を、早晩失うことを意味する。今日の世相を広く覆っているニヒリズムは、大地への素朴な信頼感が喪失したことに起因しているとすれば、大

地の恵みに依存する社会を研究対象とする民俗学も、危機に瀕していると言わざるを得ない。

　世界でも無類の新しがり屋の日本人は、新規蒔き直しが好きで、新しさを美徳とし、古さを悪徳とする。そのために、民族の経験は百年たっても、二百年たっても一向に蓄積されない。しかし、青森県の三内丸山遺跡を多くの人々が訪れるのは、そこから縄文時代のエネルギーを汲み取ろうとしているのであり、そこに見いだせる日本人の意識の古層に、ある懐かしさを覚えるからではないか。

　柳田、折口は「日本人とは何か」という問いから出発して、古代の、さらには古代以前の日本列島に暮らしていた人々の意識を探ろうとした。その忠実な弟子として、私は古代日本人の世界観や死生観を解明しようとしてきた。そして、民俗学は「タマシイの科学」であると考える。さまざまな手がかりを求め、そこから後代に付与された属性をはぎとっていくと、日本という国の枠を超えた、普遍的な人間のありのままの姿が現れる。そうした人間の姿を見いだし、翻って今の日本を見たとき、日本人の未来について何らかのヒントが与えられるのではないだろうか。

あとがき

私が本格的に民俗学を志したのは一九六九年頃からであるが、それ以前、平凡社で『風土記日本』や『日本残酷物語』を編集した期間を含めると、半世紀を超えた期間、民俗学とつき合ってきたことになる。万事飽きやすく、長続きしたことのない私が、民俗学だけは今もってつき合って、飽きることがないのは、ふしぎといえばふしぎである。民俗学と私はきっと合性がよいのであろう。そうでなければ、人間同士のつき合いと同様に、長続きするはずがない。

合性のよいことの条件とは何か。つき合っていて楽しいことである。私に民俗学の楽しさを教えてくれたのは柳田國男であり、宮本常一であった。彼らの著書に登場するのは、至極ありふれた人間ばかりなのに、英雄や天才や偉人が活躍する小説以上に面白かったのだ。若い時分は、小説の主人公の華々しさに夢中になるが、やがて年をとると、「作りもの」の世界よりも、現実に関心が向いてくる。

自分と同様のありふれた日本人が昔からどのように感じ、考えてきたか。

伝統や習俗をどのように大切に守ってきたかが知りたくなる。私たちが日頃さりげなくくりかえしている行事や習俗の中に、思いがけなく深い意味があることを知って、小説では味わえない興味をおぼえる。年神を迎える正月、死者と再会する盆をはじめとして、私共の日常を取り巻く森羅万象の中に、日本人の深層心理や意識の謎を解くことのできる事象がある。それはまた名もなき人びとの哀歓を知ることともつながっていくであろう。民俗学の愉楽とは、そのような「小さき者」たちの哀歓に共鳴することでもある。私が民俗学とつき合って飽きないというのも煎じ詰めれば「小さき者」たちに深い人間的な共感を抱いてきたからであろう。

　私はかつて民俗学は、「神と人間と自然の交渉の学」であると述べたことがある。この場合の神も自然も人間と同等であって、この三者の親和関係が民俗学であると考えたのである。ただ人間は他の動物たちと一点違うところがある。それは、人間は他界を考える動物だということだ。人間だけが他界や来世のことをあれこれと推測するが、他の動物にはそれが見当たらない。

　かくして民俗学は人間だけでなく、神や動植物の世界まで領域を拡げ、また現世だけでなく他界についても想像の輪を拡げるのである。ありふれた人間たちのありふれた日常から出発する学問が、かくも広大にして深遠な世界を自由自在に自分の活動範囲としていることに、一見奇異な感じを抱くかもしれない。しかし幼児もまた大人が何気なく見過ごしている日常の森羅万象に「なぜ」を連発する。初めて出会った現象に直面した幼児の新鮮なおどろきが、舌を巻くほどの問いを発して大人を困らせることがあるのだ。日常の習俗や伝承にかくされた意味を発見することを志す民俗学もまた、既知のものと思われているものを「未知なるもの」と疑う幼児の質問と似通った点をもっている。既知の日常生活が民俗学にとっては、未知の領域なのである。そこに発動する好奇心はやがて学問的な探究心へと進む。それを私は「民俗学の愉楽」と呼ぶのである。その探究はやがて日本民族のもっとも深く、もっとも広い、意識と感情という大海原に出会い、「自己」と「民族」の共同意識、あるいは一体感を味わうことになる。それもまた「民俗学の愉楽」と呼ぶにふさわしいのであると私は思う。

　本書を上梓するにあたっては、現代書館社長の菊地泰博氏の御尽力に深く感謝する。また挿絵をわずらわした清重伸之氏並びに編集に協力いただいた藤井久子氏にも厚くお礼を申し上げる。

二〇〇八年九月二十三日

谷川健一

柳田國男「フォークロアの原点」を語る。

私が子どものとき、家が大変貧乏でございまして、旅行なんていうことのできる状態ではなかったんです。それで大きくなるまで、遠くに遣いにやられるぐらいの程度より以上に先々自分の自由に変化させていくなんていうことがなかったんでありますから、母親に折り入って話をして、こうこういうわけで自由な旅行がしたいんだから、金を少しぐらいもらえまいかと言ってみたところ、母がその時分大事にしておるへそくりの中から三円くれたんです。

三円っていうお金は、私らとしてはいっぺんにもらうことがほとんどない金ですから、それを懐にあったためて…てん、岡田君もおそらくそれに近い状態だったろうと思いますが。まず利根川を渡って……利根川の茨城県との境に住んでいたときなんです。布川というところですがね……そこから草鞋《わらじ》を履いて、私は前にも少しは履いたことがあるかもしれませんが、土浦から筑波山に行ったんです。それが私どもの最初の旅なんですね。

え〜の〜、とにかく私が旅行好きになるべき原因はいくらもあったんです。あの当時の人の移動のしかたっていうのは、文章のある程度までもっている人が、思いがけないところへ行って、自分の素朴なる感情をただ打ち明けるっていったような時代でしたから。決して私自身が天性旅行好きなんていうんじゃなかった。

あなたがたがちょっと信じられないと思うくらい自由に、金持って、ちっとも困らないで、難儀しないで旅行しているんです。

草鞋なんて履かなくてもいい境涯なんだけれど、ただ私は行く以上は草鞋を履くという気持ちなものですからね。東京を出るときには、靴を包む小包のしたくをしていって、最初の晩に靴を小包で送っちまうんです（笑）ウチへ。だから帰りが困っちまうんだ。ほうぼう歩きまわって帰るときに東京の街を草鞋を履いて歩けないでしょ。だからそのときは、たいてい夜にするように、飯田町のようなあんなところから入ってくるような計画をしてね、あんまりみんながが嫌がるといかんから。

それから、あの時分の旅行というものは非常にシラミをしょってくるもんでしてね。第一シーツってものを使う宿屋が全国的に少なかったですね。私らが盛んに歩いた時分というのは、大正よりもう一つ前ですからね。明治のいっぱいですから。その時分には、私のうちではシラミゴザと名づくべきものをちゃんと用意しておいてね、帰ってくると縁側にそのゴザを出して、そこで何もかも脱いでしまうんです。それに煮え湯かなんかかけて。それから新しい着物を着る。気持ちのいいものでしたよ、そのときはね。

記録にも何にも表れない人の生活というものが日本には八〇パーセント以上あるんですよ。悪いこともいいことも両方ともしなけりゃ記録に残りゃしないですからね。そんな連中の間には一人ひとりの個性なんてものは少なくて、共通性が非常に多いんですから。地方でこそそれはあるから、東北の人と、やはり四国・九州の人を見ると違うしね。そうかと思うと、思いがけなく四国・九州の人と東北が一致していることがあるんですね。それなど無意識に一致しているんです。こんなことを誰も知りません。むこうも知らず、こちらも知らず、旅人はなおのこと知らない。

そういったようなものが日本のような長い島においては、どうしたって見ずにはおられないんだから。知らずにはおられないんだから。誰かが気をつけなきゃいけないといったような、ぼんやりとそういう気持ちを持っておったんです。

つまり、埋もれてしまって一生終わるであろう、訴える道がなくしてしまうであろう、犯罪もしなければいいこともしないでいるっていうような人がね、ただなんとなく生き過ぎていくようなことを惜しがって、それに関する知識を残そうとしたのがフォークロアって言葉なんですよ。

谷川健一《たにがわけんいち》………文

1921年、熊本県水俣市生まれ。

東京大学文学部卒業。民俗学者。日本地名研究所所長。

『太陽』（平凡社）創刊編集長、近畿大学文芸学部教授・同大学民俗学研究所所長を歴任。

『日本庶民生活史料集成』（全20巻・共編）で毎日出版文化賞、

『南島文学発生論』で芸術選奨文部大臣賞、長年の研究に対して南方熊楠賞を受賞。

2007年文化功労者に選ばれた。

『谷川健一全集』（全24巻・冨山房インターナショナル）を刊行中。

清重伸之《きよしげのぶゆき》………イラスト

1947年、徳島県生まれ。

東京芸術大学・大学院終了。

米国、St.Olaf大学とBajus-Jones映画社で、アニメーションを実習・勤務。

現在はフリー。

各地のNGOの人々と出会いつつ、福祉・環境・平和の分野でイラストを乱作。

絵画シリーズ『星と水の旅』『ここちよい夢』『無窮花』など。

本のイラストに『フィリピンと出会おう』（国土社）など。

フォー ビギナーズ シリーズでは『本居宣長』『司馬遼太郎と「坂の上の雲」』『ヤマトタケル』、
フォー ビギナーズ サイエンスでは『アレルギーと楽しく生きる』の絵を担当。

FOR BEGINNERSシリーズ（日本オリジナル版）
104
民俗学の愉楽

2008年10月31日　第1版第1刷発行

谷川健一………文
清重伸之………イラスト

発行所
株式会社現代書館

発行者
菊地泰博

東京都千代田区飯田橋3-2-5　郵便番号102-0072
電話（03）3221-1321　FAX（03）3262-5906
振替 00120-3-83725　http://www.gendaishokan.co.jp/

装幀・組版
中山デザイン事務所

印刷
東光印刷所／平河工業社

製本
越後堂製本

校正協力
岩田純子

©2008.Printed in Japan. ISBN978-4-7684-0104-0
定価はカバーに表示してあります。落丁・乱丁本はおとりかえいたします。

FOR BEGINNERS シリーズ

歴史上の人物、事件などを文とイラストで表現した「見る思想書」。
世界各国で好評を博しているものを、日本では弊社が版権を取得し、
独自に日本版オリジナルも刊行しているものです。

①フロイト
②アインシュタイン
③マルクス
④反原発*
⑤レーニン*
⑥毛沢東*
⑦トロツキー*
⑧戸籍
⑨資本主義*
⑩吉田松陰*
⑪日本の仏教
⑫全学連
⑬ダーウィン
⑭エコロジー*
⑮憲法*
⑯マイコン*
⑰資本論
⑱七大経済学
⑲食糧
⑳天皇制
㉑生命操作
㉒般若心経
㉓自然食*
㉔教科書*
㉕近代女性史*
㉖冤罪・狭山事件*
㉗民法
㉘日本の警察
㉙エントロピー
㉚インスタントアート
㉛大杉栄*
㉜吉本隆明
㉝家族
㉞フランス革命
㉟三島由紀夫
㊱イスラム教
㊲チャップリン
㊳差別
㊴アナキズム*
㊵柳田国男
㊶非暴力
㊷右翼
㊸性
㊹地方自治
㊺太宰治
㊻エイズ
㊼ニーチェ
㊽新宗教
㊾観音経
㊿日本の権力
(51)芥川龍之介
(52)ライヒ
(53)ヤクザ
(54)精神医療
(55)部落差別と人権
(56)死刑
(57)ガイア
(58)刑法
(59)コロンブス
(60)総覧・地球環境
(61)宮沢賢治
(62)地図
(63)歎異抄
(64)マルコムX
(65)ユング
(66)日本の軍隊(上巻)
(67)日本の軍隊(下巻)
(68)マフィア
(69)宝塚
(70)ドラッグ
(71)にっぽん《NIPPON》
(72)占星術
(73)障害者
(74)花岡事件
(75)本居宣長
(76)黒澤明
(77)ヘーゲル
(78)東洋思想
(79)現代資本主義
(80)経済学入門
(81)ラカン
(82)部落差別と人権II
(83)ブレヒト
(84)レヴィ-ストロース
(85)フーコー
(86)カント
(87)ハイデガー
(88)スピルバーグ
(89)記号論
(90)数学
(91)西田幾多郎
(92)部落差別と宗教
(93)司馬遼太郎と「坂の上の雲」
(94)六大学野球
(95)神道(Shintoism)
(96)新選組
(97)チョムスキー
(98)ヤマトタケル
(99)住基ネットと人権
(100)ユダヤ教
(101)ハンナ・アーレント
(102)誤解だらけの個人情報保護法
(103)北一輝の革命
(104)民俗学の愉楽

＊品切